KB271997

그리스 도시를 걷다

그리스 도시를 걷다

25개 도시로 만나는 신화와 역사의 나라 그리스

초판 1쇄 발행 2026년 5월 7일

지은이 김수길
펴낸이 강수걸
편집 강나래 이선화 이소영 오해은 박재화 이채연
디자인 권문경 조은비
펴낸곳 산지니
등록 2005년 2월 7일 제333-3370000251002005000001호
주소 부산시 해운대구 수영강변대로 140 BCC 626호
전화 051-504-7070 | 팩스 051-507-7543
홈페이지 www.sanzinibook.com
전자우편 sanzini@sanzinibook.com
블로그 http://sanzinibook.tistory.com

ISBN 979-11-6861-663-9 03920

그리스 도시를 걷다

25개 도시로 만나는 신화와 낭만의 나라 그리스

김수길 지음

산지니

그리스 지도

필리피
네아폴리스
암피폴리
베르기나
베뢰아
테살로니카
사모트라케
메토니
아토스
에게해
케르키라
요아니나
메테오라
볼로스
니코폴리스
테르모필레
레프카다
델피
아테네
코린토스
겐그레아
파트모스
이오니아해
스파르타
코스
산토리니
로도스
지중해
크레타
가브도스

들어가며

이 책을 쓰게 된 계기는 참으로 사소하고도 조용한 자리에서 비롯되었다. 어느 날, 모교에서 교수로 일하고 있는 후배가 그리스에 있는 나를 찾아왔다. 오랜만에 마주 앉아 식탁 위에 놓인 따뜻한 저녁을 함께 나누며 이런저런 이야기를 나누던 중, 그는 문득 이런 말을 건넸다.

"그리스 현지에 사는 분들이 많지 않은데, 이곳에 사시면서 직접 보고 겪은 이야기를 글로 남기신다면, 참 귀한 기록이 될 것 같습니다."

그 한마디가 내 마음에 오래도록 머물렀다. 오랜 세월 그리스라는 낯선 땅에서 선교사로 로마(집시)족과 함께 살아왔지만, 정작 내 삶을 차분히 돌아보며 글로 정리해 본 적은 없었다. 늘 눈앞의 일상을 살아내기에 바빴고, 지나간 풍경과 마음속 울림들은 내 안에서만 조용히 흘러가곤 했다. 그러나 후배의 말은 마치 작은 불씨처럼 내 안에 남아, 잊고 있던 이야기들을 하나둘 불러내기 시작했다.

그제야 문득 떠올랐다. 여러 기독교 신문이나 방송에 부탁받아 보냈던 원고들, 때로는 서툴고 때로는 정성껏 쓴 글들이 서랍 속에 묵묵히 쌓여 있었다는 사실을. 오랜 시간이 지나 다시 펼쳐 읽어 보니, 그 글들은 단순한 기록이 아니라 내 삶의 흔적이자 신앙의 여정이었다. 그래서 조심스럽게 하나씩 정리하며 개인 계정에 올리기 시작했다. 뜻밖에도 두 곳의 기독교 신문사에서 연재의 기회가 주어졌고, 흩어져 있던 글들은 마침내 이렇게 한 권의 책으로 모이게 되었다.

『그리스 도시를 걷다』1장에서는 널리 알려진 아테네나 산토리니 외에 그리스 곳곳에 숨겨진 보물 같은 도시와 섬을 소개한다. 그리스의 도시를 걷는다는 것은 단순히 오래된 유적을 밟는 일이 아니다. 그 길 위에는 수천 년의 신화와 역사가 켜켜이 쌓여 있다. 아크로폴리스의 대리석 계단을 오를 때, 나는 페리클레스의 발걸음과 플라톤의 눈빛을 동시에 느낀다. 신화 속에서 신들이 하늘에서 내려와 머물렀다는 언덕은, 사실 인간의 희망과 두려움이 빚어낸 거대한 이야기의 무대였다.

오랫동안 살아온 나라지만, 그 길을 걸을 때마다 여전히 새로운 떨림을 느낀다. 도시의 돌 하나에도 이야기가 스며 있고, 이름 없는 골목에도 신화의 잔향이 남아 있다. 그래서 나는 언제나 천천히, 아주 천천히 걸으며, 그리스의 도시가 들려주는 속삭임에 귀를 기울이고 싶다.

2장에서는 신약성경 속 인물인 사도 바울이 복음을 전하기 위해 다녔던 그리스의 장소들을 소개한다. 신약성경 속 바울은 단순한 선교자가 아니라, 도시를 사랑하고 영혼을 붙드는 사람이었다. 아테네의 아레오 파고스 언덕에 서서 그는 철학자들에게 복음을 전했고, 코린토스에서는 밤새 장막을 지으며 눈물로 편지를 썼다. 바울의 편지에는 교리보다 뜨거운 가슴이 먼저 적혀 있다.

나는 바울이 기도하며 눈물로 글을 남겼던 교회들을 떠올린다. 테살로니키, 필리피, 코린토스…. 그곳에 가면 여전히 그의 숨결이 남아 있다. 돌무더기와 유적만 남은 곳 같지만, 그 도시들은 지금도 살아 있다. 바울이 그토록 사랑했던 영혼들의 흔적이 그 땅의 공기 속에 담겨 있기 때문이다. 나는 그 길을 따라 걸으며 단순히 옛 교회를 보는 것이 아니라, 신앙의 첫 숨결과 기도의 눈물을 함께 마주하고 싶다.

마지막 3장에서는 오늘날 그리스인들의 영혼을 만든 그리스의 철학, 축제, 신화를 소개한다. 그리스인의 삶에는 늘 축제와 철학, 그리고 신화가 함께 있었다. 디오니소스 제전에서 울려 퍼진 합창은 단순한 오락이 아니라 인간과 신의 관계를 묻는 깊은 물음이었다. 소크라테스의 대화는 단순한 논쟁이 아니라, 어떻게 살아야 하는가라는 영원한 질문이었다. 그리고 호메로스의 서사시는 영웅들의 이야기였지만, 사실은 인간의 고통과 선택, 그리고 운명에 대한 성찰이었다.

그리스의 신화와 철학은 오늘날에도 여전히 유효한 질문으로 다가온다. 진리는 무엇인가? 삶의 의미는 어디에 있는가? 신과 인간의 경계는 어떻게 이어지는가? 이러한 물음들이 서양문명의 밑바탕을 이루었다.

그래서 나는 그리스인의 영혼 속을 걷는 일을 단순한 학문적 탐구가 아니라, 나 자신을 비추어 보는 여정으로 느낀다. 그 길에서 나는 인간의 기쁨과 슬픔, 축제와 철학, 그리고 신화와 믿음이 결국 한 인간의 영혼 속에서 하나로 이어진다는 사실을 깨닫는다.

책을 준비하는 과정은 또 다른 여행이었다. 다시 읽고 다듬으며 지나온 날들을 되새기고, 그 속에서 하나님의 은혜를 새롭게 발견하는 길이었다. 이 길 위에서 내 곁을 지켜준 이들이 있다. 그리고 우리가 이 땅에서 30여 년의 세월을 살아올 수 있도록 도와주신 모든 분들께 깊은 감사를 드린다. 이 글을 쓰면서 많은 사랑에 빚진 자라는 정체성을 다시 생각했다. 그분들의 존재가 있었기에 이 여정을 끝까지 이어올 수 있었다. 특별히 글쓰기를 마칠 수 있도록 용기와 따뜻한 격려를 보내 주었던 나래 자매, 늘 가장 가까이에서 기도와 사랑으로 힘이 되어 준 아내, 그리고 책이 세상에 나온 것을 누구보다 기뻐하며 응원해 준 우리 아이들에게 고마움을 전한다. 이제는 장성하여 각자 가정을 꾸렸지만, 여전히 한결같이 부모의 곁을 지지해 주는 그들의 마음이 내겐 큰 힘이 되었다.

나는 바라본다. 이 책이 단지 한 사람의 기록으로 머물지 않기를. 그리스의 햇살 아래에서 살아온 소소한 일상과, 신앙 속에서 겪어온 기쁨과 눈물의 이야기들이 이 책을 집어 든 누군가의 마음에 작은 울림으로 다가가기를. 나아가 그리스라는 나라를 조금 더 가깝게 느낄 수 있는 다리가 되기를 원한다. 그리고 나의 신앙의 고백이 되신 하나님께 깊은 감사를 올려드린다. 모든 영광을….

책장을 펼쳐 주신 독자 한 분 한 분께 진심으로 감사드린다. 이 책은 이제 제 손을 떠나 독자의 삶 속으로 들어가려 한다. 부디, 이 여정에 함께 동행해 주시기를 부탁드린다.

2026년 4월
그리스 테살로니키 나의 집에서

차례

3장

그리스인의 영혼 속을 걷다 ∽ 철학과 축제 그리고 삶

1장

그리스 도시를 걷다

∽

신화와 역사의 길을 따라서

신화와 역사의 고향
델피

가장 최근에 델피(델포이)에 간 것이 벌써 몇 년 전이다. 늦가을 바람이 상큼해서 나도 모르게 크게 숨을 쉬었다. 역사의 고향에서 역사의 체취를 느끼려고. 그러나 바람에 실려 온 것은 역사가 아닌 신화 속 아폴론의 긴장된 화살촉이었고 그 화살에 맞아서 흘러내리는 피톤의 피 냄새였다.

어느 것이 역사이고 어느 것이 신화인가? '역사와 신화'는 혼동하기 쉬운 주제이고 까딱 잘못했다가는 실수하기 쉬운 부분이기도 하다. 신화와 역사를 구분하는 것은 '역사적 기록이 있고 없고'의 차이이다. 할리카나소스 출신의 헤로도토스(기원전 484~425년경)를 '역사의 아버지'라고 하는 것은 그의 저서 『역사』 때문이다.

'역사(Ιστορίαι)'의 본뜻은 '조사하다, 조사해서 읽다'로 상상 속 생각이 아닌 직접 조사해서 얻은 지식을 바탕으로 쓴 기록이라는 것이다. 그리스 지역의 대부분이 신화와 역사를 구분하기 힘든 곳이다. 그중에서 특별히 델피(Δελφοί)는 신화와 역사가 혼합된 도시라고 표현하고 싶다. 그리스 사람들이라면 학창시절 수학여행 등으로 한두 번은 꼭 다녀왔을 장소이다. 테살로니키에서 델피로 가는 길은 아테네에서 가는 길보다 험하고 힘들었다. 테르모필레에서 암피사를 경유하여 가는 길은 운전하는 나 역시 멀미가 느껴질 정도의 굽이굽이 길을 돌고 돌아 올라가야 한다. 마치 아폴론이 죽인 이곳의 본래의 주인인 왕뱀 피톤의 신화가 생각날 정도이다. 뱀같이 구불한 길을 오르고 오르다 보면 파르나소스 산 중턱 절벽에 매달린 듯이 자리 잡은 델피가 나온다. 큰 길을 가운데 두고 길게 박물관과 호텔 그리고 식당을 비롯한 상가들이 즐비하게 도열하고 있다. 이 길은 한국드라마 〈태양의 후예〉 촬영지로 유명한 아라호바 지역의 시계탑까지 이어져 있다.

신화 속의 델피 그리고 아폴론

다음은 델피의 탄생에 얽힌 이야기이다. 신들의 왕 제우스가 지구의 중심이 어느 곳인지를 알기 위해 동쪽과 서쪽 끝에서 그의 상징인 독수리들을 날려 보낸다. 두 마리 독수리가 만난 곳이 바로 이 '델피'라는 것이다. 그는 이곳이 지구의 중심이라고 선언하고 바위 하나를 세운다. 대지의 배꼽이라는 뜻의 옴파로스(Ομφαλός)이다. 그러나 하나의 사건이 여러

16

대지의 배꼽이라는 뜻의 옴파로스

이야기로 생성되는 신화의 속성상 이 옴파로스는 제우스 탄생 신화에서는 다르게 등장한다. 아버지 우라노스(Ουρανός)를 거세하고 왕위를 차지한 크로노스(χρονός)는 아들에 의해 쫓겨난다는 신탁을 받고, 이 운명을 피하기 위해 자식들이 태어나자마자 자신의 뱃속에 삼켜버렸다. 자식을 잃을 때마다 고통스러웠던 아내 레아는 한 명이라도 구하고자 여섯 번째 아이를 출산할 때 아이 대신 돌덩이를 강보에 싸서 남편에게 건넸다. 그 돌덩이의 이름이 바로 옴파로스라고 한다.

다시 델피의 신화 속으로 돌아가면, 제우스와 리토 사이에 사냥의 여신 아르테미스와 쌍둥이로 태어난 아폴론이 제우스의 부인 헤라의 사주를 받아서 어머니 리토를 괴롭히는 피톤을 제거하는 내용이다. 대지의 여신 가이아의 신탁소가 있는 델피에 아폴론이 신탁소를 지으려고 하자, 거대한 뱀인 가이아의 아들 피톤이 이를 저지한다. 아폴론은 화살로 피톤을 죽이고 자신의 신탁소를 세운다. 신화의 아이러니는 활로 거대한 피톤을 죽인 아폴론이지만 아폴론 역시 활로 어려움을 겪는다는 것이다. 피톤을 죽인 아폴론은 자신의 활솜씨에 한껏 들떴을 것이다. 올림포스 신족들은 미의 신 아프로디테의 아들 에로스의 활에 자유롭지 못했다. 사랑의 신 에로스는 두 가지 화살을 갖고 있다. 하나는 날카로운 금 화살로 신이든 인간이든 맞으면 사랑에 완전히 눈이 먼다. 또 다른 하나는 납 화살로 이 화살을 맞으면 사랑을 혐오하게 된다. 아폴론은 자신의 활솜씨를 자랑하면서 자기보다 작은 에로스가 활을 가졌다고 놀린다. 화가 난 에로스는 아폴론에게 자신의 황금 화살을 쏴서 다프네에게 반하게 만들었다. 그리고 다프네에게는 납 화살을 쏴서 아폴론을 싫어하게 만들었다. 다프네는 아폴론을 피해서 도망 다니다가 잡히기 직전 그의 아버지인 강의 신 페네이오스에게 부탁해 월계수로 변해 버린다.

아폴론이 그녀를 품에 안았다고 생각한 순간 그는 굳어버린 월계수를 끌어안는다. 아폴론은 다프네가 나무로 변한 뒤에도 그녀를 잊지 못하고, 그 월계수를 자신의 나무로 정한 뒤 월계관을 쓰고 다녔다고 한다. 오늘날 그리스어로 월계수는 '다프니(Δάφνη)'이다. 지난 2004년 아테네 올림픽에서는 승자에게 월계관을 수여했다. 우승자에게 월계관을 씌우는 전통에는 이같은 신화의 속성이 자리 잡고 있기 때문이다. 그리고 델피에는 그리스 어느 곳보다 월계수 나무인 다프니가 많이 있다.

역사 속의 델피

델피는 미케네 시대(기원전 14~11세기)부터 테살리아의 아카이아인들이 델피지역에 정착하여 나름 조직화된 도시를 세운 것에서 시작된다. 이곳에서 미케네 정착지와 묘지의 유적이 발견되면서 알려졌다. 이들은 앞서 말한 것처럼 신화 속의 아폴론을 숭배했다. 아폴론 숭배가 성행하던 8세기부터 델피 성소는 고대 그리스 세계에서 중요한 역할을 하게 되었으며 그 영향력은 지중해 동부의 더 넓은 지역에까지 퍼졌다. 델피에서 발견된 상당수의 공물은 시리아와 아르메니아 지역에서 온 것으로 성소의 영향력이 어느 정도인지를 증명한다. 삼발 의자에 앉아 에틸렌 가스를 흡입하고 미래를 예언하며 이해할 수 없는 말을 중얼거리는 여사제 피티아의 신탁 능력으로 이곳은 범그리스의 중심지이자 고대 그리스인의 성지로 발전했다. 피티아는 50대 즈음의 여자가 선출되어 맡았다고 한다. 초기에는 어린 소녀가 맡았는데 트라키아인 한 명이 그녀를 겁간하는 크나큰 불경을 저지른 이후, 당시에는 노년인 경수가 끊긴 여인이 예언자 일을 맡도록 하되, 옛 기원을 존중해서 처녀 복장을 입도록 했다는 전승이 있다.

이후 이 도시는 테살리아인의 주도적인 노력으로 더욱 발전하게 된다. 범그리스인의 모임은 아테네를 중심으로 시작되었지만 기원전 7세기 중반부터는 이곳 델피가 중심이 되었다. 기원전 6세기 초에는 이웃 도시인 크리사와 전쟁을 벌였다. 1차 성전이라 불리는 이 전쟁은 크리사의 패망으로 끝났다. 전쟁의 승리는 델피의 종교적, 정치적 영향력을 증대시켰고 규모도 커졌다. 전쟁이 끝난 후 4년마다 범그리스인이 참여하는 피티아 제전이 처음으로 조직되었다. 기원전 586년에 조직된 최초의 피티아 제전에서 승자에게 크리사의 전리품을 금전적 선물로 주었다고 한다. 다음 경기부터는 우승자에게 월계관만 주어졌다.

페르시아 전쟁 기간 동안 델피의 신탁은 그리스 도시들에 대해 몇 가지 불리한 신탁을 내놓았는데, 헤로도토스는 델피가 페르시아인의 공격을 받았기 때문이 어쩔 수 없었을 것이라고 했다. 아테네가 포키아 연맹에 델피 성소를 포함했을 때, 스파르타는 보복했고 2차 성전이 발발했다. 아테네의 승리로 델피는 포키아에 반환된다. 기원전 356년, 가까운 도시 테베가 통제하면서 무거운 벌금을 부과했을 때 이 사건은 제3차 성전의 발발로 이어졌다. 이 전쟁 동안 델피의 모든 보물은 포키아 군대의 자금 조달을 위해 약탈당했다. 10년 후 델피는 필리포스 2세의 마케도니아의 지배권으로 들어간다. 기원전 339년 네 번째 성전이 발발한다. 델피는 남부 그리스지역의 새로운 강대국인 아이톨리아 연방의 지배를 받게 된다. 갈리아인의 그리스 영토 침공으로 위험에 처했을 때, 아이톨리아는 성공적으로 이 도시를 보호한다. 이 기간 대부분의 공물은 아이톨리아 연방의 도시에서 보내온 것들이다.

그리스의 보물창고인 델피는 기원전 168년 로마의 지배를 받는다. 미트리다테스 전쟁 동안에 로마 장군 실라는 델피의 봉헌물을 탈취해 갔다. 기원전 83년, 트라키아인들이 방어능력을 상실한 델피를 공격하여 사원에 불을 지르고 성소를 약탈했다. 초기 기독교 시대에 델피의 신탁은 이미 쇠퇴했다. 소수의 방문객들은 종교적 필요성이 아니라 이곳의 인상적인 건축물에 관심을 두었다. 그러다가 이곳을 두 번 방문한 것으로 보이는 하드리아누스 황제 치하에서 델피는 다시 부활하는 듯했지만 서기 395년 테오도시우스 1세의 칙령에 의해 영구적으로 폐쇄된다. 그러나 델피의 신탁과 아폴론신의 신앙은 이교적으로 암암리에 지속된다. 7세기 초까지 델피는 건재했다고 한다.

12세기 동로마 역사가 게오르기오스 케드레노스에 의하면, 4세기 중엽 반(反) 그리스도교 정책을 시행한 동로마 제국의 황제 율리아누스가 362년에 개인 주치의 오리바시우스

를 델피로 보내어 아폴론의 뜻을 물어보고자 했다. 오리바시
우스가 찾아갔을 때 이미 델피는 많이 쇠락한 뒤였는데, 그
가 피티아로부터 받았던 신탁이 델피의 '마지막 신탁'이었다
고 한다.

다이달로스 궁전이 땅으로 추락하였다고 황제에게 전하라.
포이보스(아폴론의 별명)는 더 이상 자기 방도, 점술의 월계
수도, 예언의 샘도 없노라. 재잘거리는 물 또한 이미 조용해
졌느니라.

델피는 오스만 제국이 권력을 장악할 때까지 수세기 동안
거의 사람이 살지 않는 상태로 남아 있었다. 이후 1410년 고
대 체육관의 폐허 위에 동정녀 수도원이 세워진다. 수도원을
중심으로 주거지가 생기기 시작했고, 이것이 오늘의 카스트
리 마을이다. 르네상스 시대인 1436년 이곳을 방문한 안코
나의 키리아쿠스(Ciriaco de' Pizzicolli, 1391~1453)가 남긴 저서
와 그림들이 이후 발굴에 많은 도움이 되었다. 그리고 1766
년 옥스퍼드 대학교 교수이자 작가인 리처드 챈들러는 건축
가이자 디자이너인 니콜라스 레벳과 화가인 윌리엄 파스와
함께 델피를 방문했다. 이들의 연구는 1769년에 『아이오니
아의 고대 유물(Ionian Antiquities)』이라는 제목으로 출판되었
고, 『그리스 여행기(Greece travelogue)』는 1775년에 출판되었

다. 이후 영국 시인 바이런(Lord Byron)이 친구 존 캠 홉하우스와 동행했는데, 델피와 그리스를 사랑한 그는 그리스 독립전쟁에 참여하게 된다. 바이런은 그리스 메솔롱기에서 병으로 죽을 때까지 그리스를 사랑했다.

1829년 3월 22일 런던에서 그리스 독립에 대한 의정서가 발효되어 그리스는 튀르키예로부터 독립을 하게 된다. 그리스가 독립을 한 후 제일 먼저 시작한 일 중 하나가 모든 그리스인들 속에 집단적으로 기억되어 있던 델피의 고고학 발굴이었다.

델피에 관한 또 다른 이야기는 소크라테스가 인용해서 너무도 유명한 아폴론 신전 벽에 써진 "너 자신을 알라(γνωρίστε τον εαυτό σας)"이다. 델피의 신탁이 너무도 어렵고 모호하다는 소문이 나돌자, 당시 그리스의 철학자들이 일곱 가지의 격언을 아폴론 신전 기둥에 기록했다고 한다. 이 격언은 밀레도 출신의 탈레스가 기록한 말이라고 전해져 오기도 한다. 소크라테스가 이 격언을 가지고 아테네 청년들을 깨우쳤기에 지금까지 가장 유명한 격언이 되었다.

최근에 델피에 갔을 때, 차량을 주차할 수 있는 공간은 델피 고고학박물관 주차장뿐이었다. 차를 주차하고 노출 콘크리트로 지은 박물관으로 들어가니 열한 개의 전시실로 나누어 고대부터 로마시대까지 유물들이 전시되어 있다. 대표적인 유물이 낙소스 섬의 대리석으로 만든 낙소스의 스핑크스

델피 아폴론 신전의 기둥

이다. 이 스핑크스는 높은 기둥 위에 있었다. 그리고 스핑크스 밑에는 글귀가 있는데 내용은 델피의 신탁소가 낙소스인에게 준 특권에 관한 것이다.

본디 낙소스인들이 델피를 지을 때 많은 금전적 지원을 하였다. 델피는 어느 지역보다도 낙소스에게 신탁을 먼저 해왔다고 한다. 그 외에 신화 속에서 지구의 배꼽이라 불린 바위 옴파로스와 마차를 모는 청동 마부 상들이 대표적 유물이다. 전시된 유물 하나하나가 모두 귀하고 값진 것이기에 델피를 방문한다면 고고학박물관을 빠트리지 않기를 권한다.

델피 고고학박물관에 전시된 낙소스의 스핑크스

박물관을 나와서 큰 길 아래로 내려가면 고대 체육관의 유적지가 있고 그 아래에는 톨로스 건축물이 있다. 용도는 불분명하지만 아름다운 도리아 양식으로 세워진 원형 건축물이다. 섬세하고 멀리서도 눈에 띄는 이 건축물은 신전 또는 아주 중요한 기능의 건축물이었다고 생각된다. 이 톨로스 건물 앞에는 아테네 신전 터가 있다. 조금 위에는 신탁을 받으러 가는 길에 몸을 정결케 했다는 카스탈리아의 샘도 있다. 요즘은 철문을 굳게 닫아놓아 여행객의 출입을 금지하고 있다.

다시 입장료를 지불하고 델피 유적지 안으로 들어가면 고대 로마인의 시장터인 로만 아고라(Roman Agora)가 나온다. 사람들이 다닐 수 있는 도로 공간과 시장의 오픈 공간에 세워진 기둥들을 통해 이곳이 직사각형의 로만 아고라였음을 알 수 있다. 마치 예수님 당시의 예루살렘 성전처럼 이곳에서 신전에 드릴 공물이나 여행객들이 필요한 물건들을 사고팔았을 것이다. 로만 아고라를 지나서 조금 오르면 아폴론 신전으로 가는 성스러운 길이 나온다. 이 길을 따라 조금 더 올라가면 박물관에 전시된 것과 같은 모조 옴파로스가 다시 나타난다. 이 옴파로스는 처음에는 없었는데 어느새인가 이곳에 주인처럼 자리 잡고 있다.

계속해서 오르면 아테네인들이 전리품을 비롯한 보물을 모아두는 아테네의 보물창고가 나온다. 아테네인의 보고(寶庫) 외에도 스파르타를 비롯한 대부분의 도시들이 이곳에 보물 또는 봉헌 창고를 세워놓았다. 1906년에 아테네 시의 노력으로 복원된 아테네인의 보고만 건축물로 남아 있다. 네 개의 반원형 건축물 중 현재 두 개가 남아 있는 할로스를 지나면, 살라미 해전의 승리를 기념하기 위해서 만든 아테네인들의 스토아가 나온다. 아폴론 신전 바로 밑에 세워진 아테네 스토아는 아테네가 그리스-페르시아 두 번째 전쟁을 승리한 후 최전성기를 누린 당시 아테네의 공적 자금으로 세웠다.

상가 건축물인 스토아를 지나면 아폴론 신전이 나온다. 신전을 지탱하기 위해서 돌로 석축을 쌓았다. 이 석축은 남미의 마추픽추 건축물처럼 네모반듯한 돌이 아니라 짜맞추기식 기법으로 만들어졌다. 지진에 대비한 고대인의 지혜를 엿볼 수 있다. 석축에 가까이 가면 글씨들이 빽빽하게 기록되어 있다. 그리스에서 해방된 노예들의 이름이다. 델피는 신탁의 고장이기에 어느 도시에도 속하지 않고 오직 아폴론 신과 신들에게 속했다. 모든 도시들이 노예를 해방시킬 때 주인과 노예가 함께 이곳에 와서 노예의 이름을 새긴 후에 해방을 선포했다. 이곳은 신의 영역이고 신만이 인간의 생사여탈권을 가졌다는 믿음에서 비롯된 게 아닐까.

도리안 양식의 기둥 여섯 개가 남아 있는 아폴론 신전 터는 기원전 373년에 지진으로 파괴된 후 기원전 330년에 지은 건축물이다. 아폴론 신전 맞은편에는 이스탄불 전차 경기장에서 보았던 청동 뱀 기둥이 있었다. 이 뱀 기둥은 2차 그리스 페르시아 전쟁의 마지막 전투였던 플라티아 전투에서 대승을 거둔 기념으로 페르시아인들로부터 빼앗았던 청동을 녹여서 만든 것이다. 사실 진품은 콘스탄티누스 대제가 콘스탄티노플을 세우면서 가져갔다. 그래서 델피의 뱀 기둥은 진품이 아닌 모조품이다.

조금 더 올라가면 기원전 4세기에 지은 약 5,000명의 관객이 관람할 수 있는 델피의 야외극장이 나온다. 이곳은 피티아 제전에서 음악과 연극 공연이 이루어졌던 곳이다. 이제 마지막으로 좀 더 올라가면 델피 경기장이 나온다. 이 경기장은 신화에서 아폴론이 거대한 뱀(피톤)을 물리친 것을 기념하기 위해서 지었다고 한다. 4년마다 범그리스인들의 경기가 열렸다.

델피 경기장은 기원전 2세기 헤로데스 아티쿠스와 페르가몬 왕국 외메네스 2세의 재정 후원으로 재건축되었다. 오늘 경기장의 모습이 이때 세워진 건축물이다. AD 67년 로마의 네로가 이곳을 방문했을 즈음 재건축했다.

델피는 아폴론 신탁 이전, 기원전 8세기경에는 가이아의 신탁소였다. 이후 아폴론 신앙이 이곳에 들어오면서 가이아에서 아폴론으로 바뀌게 된다. 여신 가이아를 모시던 사제가 여성이었기에, 아폴론의 사제직도 여사제가 이어받았다. 여사제 피티아는 아폴론 신전의 갈라진 틈에서 올라오는 하얀 연기를 마시고 월계수 잎을 씹으며 환각 상태에 이르러서 신의 목소리를 전달했다고 한다. 하지만 환각상태의 말들이기에 너무 혼란스럽다는 지적이 많았다.

기원전 1세기 저명한 고대 역사가 시칠리아인 디오도루스의 저서 『역사 도서관』에 의하면 기원전 8세기경 코레타스라는 사람이 그가 치던 염소가 아폴론 신전 터의 갈라진 틈에서 나오는 하얀 연기에 의해 이상한 행동을 보이자 자신도 그곳에 코를 대고 냄새를 맡은 이후 환각 상태에 빠졌다고 한다. 환각과 흥분된 상태의 이야기를 마을 사람들에게 말하자 모든 사람들이 동일한 경험을 하게 되었다. 틈새의 작은 동굴로 들어간 어떤 사람이 죽기까지 하자 마을 사람들은 여사제를 뽑았다. 그 여사제가 앉아서 점을 치기 시작한 자리가 시빌의 바위이고 이것이 신탁의 시작이라고 한다.

오랜 시간이 지나면서 이곳 연기를 검사한 결과 에틸렌과 프로판가스 등 신경계통을 마비시키는 가스가 나왔다고 한다. 즉 신탁소의 여사제 피티아의 신탁은 환각물질인 월계수 잎을 씹으며 환각 가스에 취해서 나온 이야기라는 것이다.

우리에게 『플루타르코스 영웅전』의 저자로 알려진 플루타르코스는 그리스의 정치가 겸 작가였다. 그는 델피에서 가까운 카이로네이아 출신이기에 델피에서 많은 시간을 보냈다. 그의 저서 『모랄리아(Μοραλίας, 도덕)』에는 "여사제는 성난 바다에 떠 있는 배와 같았다. 소리를 지르고 미쳐 날뛰며 벽으로 몸을 던지고, 그 안에 있던 남자사제들은 두려움에 떨었다. 사제들은 도망쳤고 나중에 돌아왔을 때 여사제는 의식을 잃고 바닥에 누워 있었다. 그리고 며칠 뒤 숨을 거두었다."라는 내용이 나온다. 델피의 신탁은 여사제가 신경가스 중독으로 인한 환각상태에서 내놓은 점괘인데 왜 그렇게 인기가 있었을까? 아마도 델피는 많은 정보를 가지고 있기에 그들의 원하는 신탁을 줄 수 있지 않았겠나 하는 생각이다. 그리고 좋은 신탁을 받기 위해서 스스로 그들의 입장을 말하지 않았을까.

역사적으로 일어난 이야기를 신화로 해석하니 나 역시 들떠서 머리가 몽롱해지는 것 같다. 어느 것이 하늘이고 어느 것이 물인가? 어느 것이 역사이고 어느 것이 신화인가? 오늘을 사는 나는 다시금 물어본다. 신화와 역사의 구분과 차이에 대하여….

마케도니아 왕국의 첫 번째 수도
베르기나

1977년 이전까지 아이가이(Aigai, 오늘날 베르기나)는 전설과 신화 속에서만 존재하는 도시였다. 고대 사료에 따르면 아이가이는 마케도니아 왕국의 첫 수도였고, 후에 수도는 펠라(Pella)로 천도되었다고 한다. 하지만 이러한 기록만 있었을 뿐 정확한 위치는 밝혀지지 않은 터였다. 필리포스 2세가 살해되고, 알렉산더가 부친의 뒤를 이어 왕위에 오른 곳이 바로 이 아이가이였다. 누가 보아도 예사로운 역사가 아니다.

일부 학자들은 이 도시의 위치를 어린 소년 알렉산더가 아리스토텔레스에게 수학했던 미에자 학사가 있던 에데사 인근으로 추정하기도 했다. 그러나 확실한 증거는 없었다. 아이가이는 아틀란티스처럼 실체를 확인할 수 없는 신화적 공간에 불과했던 것이다. 이 도시의 위치에 대한 여러 가지 설은 그 누구도 알 수 없는 전설 속에서만 존재해 왔다.

그리스의 역사가이자 전기 작가인 플루타르코스의 기록에 따르면, 마케도니아의 필리포스 2세와 에페이로스 출신 올림피아는 사모트라케 섬에서 열린 제우스의 제의에서 처음 조우하였다. 필리포스는 올림피아에게 매료되어 혼인하였으며, 이 결합에서 기원전 356년 알렉산더가 태어났다. 어린 알렉산더는 어머니의 종교적 영향으로 자신을 단순한 왕자가 아니라 제우스의 아들로 인식하며 성장하였다. 성장한 그가 훗날 이집트 시와의 아문 신전에서 받은 "너는 제우스의 아들이다"라는 신탁을 주저 없이 받아들인 것도 이러한 자기 인식과 밀접히 연결된다. 이와 같은 '신적 혈통' 의식은 알렉산더가 제국을 건설하는 과정에서 자신의 정치적·종교적 정당성을 정초하는 중요한 기반이 되었다.

알렉산더의 성장 과정은 안정적이지 않았다. 알렉산더의 후계 지위는, 기원전 337년 필리포스 2세가 마케도니아 귀족 가문의 여성 클레오파트라 에우리디케와 재혼하면서 크게 위협을 받게 된다. 이 혼인은 단순한 가정사가 아니라 정치적 사건이었다. 만일 에우리디케가 아들을 낳는다면 '순수한 마케도니아 혈통'을 지닌 새로운 왕자가 합법적 후계자가 되기 때문이다.

실제로 결혼식에서 새 왕비의 삼촌인 장군 아탈로스가 "신들이 합법적 후계자를 내려주시길 바란다"라고 발언하자, 알렉산더는 격분하여 술잔을 던지고 모욕을 퍼부었다. 이 일 때문에 알렉산더 모자는 일시적으로 마케도니아를 떠나 망명 생활을 하였다. 당연히 필리포스 2세의 부자 관계는 심각한 불화에 직면했다. 알렉산더가 주변 인물들에게 "진정한 나의 아버지는 제우스"라고 말하고 다녔다는 일화는 이러한 갈등을 상징적으로 보여준다.

기원전 336년, 아이가이에서 필리포스 2세의 딸 클레오파트라와 에페이로스 왕 알렉산드로스 1세(알렉산더 대왕의 외삼촌)의 결혼식이 열리던 도중, 근위병 파우사니아스가 필리포스 2세를 암살했다. 살해범은 현장에서 살해되었고, 배후를 규명할 기회는 사라졌다.

죽은 자는 말이 없기에, 고대의 사료들은 이 사건을 두고 서로 다른 해석을 전한다. 알렉산더의 스승 아리스토텔레스는 개인적 원한 때문이라 설명했지만 설득력은 약했다. 로마 역사가 유스티누스는 오히려 알렉산더와 올림피아가 연루되었을 가능성을 제기한다. 실제로 유스티누스는 올림피아가 파우사니아스의 시신에 월계관을 씌우고 제사를 지냈다고 기록한다. 오늘날 연구자들 역시 알렉산더 모자가 사건과 무관하지 않았을 가능성을 배제하지 않는다. 다만 직접적인 증거는 여전히 없다. 일본 작가 아토다 다카시의 소설 『사자왕 알렉산더』에서는 올림피아를 필리포스 2세의 직접적인 암살자로 묘사한다. 이는 사료적 사실이라기보다 올림피아를 권력욕과 모성적 집착의 화신으로 재해석한 문학적 상상에 가깝다.

시간이 지남에 따라 알렉산더 사후 벌어진 왕위 쟁탈 전쟁인 디아도코이 전쟁과 로마의 정복 전쟁 속에서 이 도시는 전설 속으로 사라졌지만, 이 도시에서 일어난 비극적 암살 사건은 아이러니하게도 헬레니즘 시대라는 새로운 장의 첫 페이지가 되었다.

왕조(王祖)는 사라졌지만, 기억은 영원하다

오늘날 북동부 그리스에는 튀르키예 국경에서 출발해 이오니아 해의 항구도시 이구메니차까지 이어지는 고속도로가 있다. 네아 에그나티아라 불리는 길은 유럽 도로 E90이자 그리스 고속도로 A2로 지정되어 있다. 하지만 그 진짜 의미는 숫자에 있지 않다. 고대 로마가 제국을 동서로 잇기 위해 닦았던 에그나티아 가도(Via Egnatia)가 수천 년의 시간을 넘어 되살아난 길이기 때문이다. 테살로니키에서 이 길을 타고 서쪽으로 달리다 보면, 베뢰아(Veroia)와 베르기나(Vergina)로 갈라지는 출구가 나타난다. 베뢰아는 도시이지만, 베르기나는 그저 과일이 풍성한 농촌일 뿐이다. 복숭아와 자두, 살구가 끝없이 이어지는 과수원 사이를 지나면, 마을 어귀에서 갈색 안내판 하나가 눈에 들어온다. 그리스 전역의 고고학 유적지를 알리는 표지판, 그 위에는 단 한 문장만 적혀 있다. "왕들

베르기나 궁전 유적지

의 무덤(Royal Tombs)"

만약 이 표지판이 없었다면 베르기나는 그저 스쳐 지나갈 시골 마을에 불과했을 것이다. 길눈이 밝다고 자부하는 나 역시 이 마을을 지나칠 때가 여러 번 있었다. 그러나 바로 이곳이 마케도니아 왕국의 첫 수도 아이가이, 왕조의 기원이자 기억이 머무는 자리임을 알린다. 마케도니아 왕들은 이곳에서 즉위식을 했고, 죽은 뒤에는 다시 이곳으로 돌아와 장례를 치렀다.

신화에서 역사로

1977년 11월, 테살로니키 대학교의 고고학자 마놀리스 안드로니코스는 마케도니아의 고도(古都) 아이가이에서 미발굴 상태로 남아 있던 대형 분구(大墳丘, the Great Tumulus)를 조사하였다. 발굴 과정에서 그는 "손상되지 않았다, 봉인되어 있다"라고 외쳤으며, 이는 도굴되지 않은 최초의 마케도니아 왕릉 발견을 의미하였다. 석관 내부에서는 불탄 유골과 함께 정교하게 세공된 금제 화관과 황금 관이 발견되었다. 특히 황금 관의 뚜껑에 새겨진 16개의 광선 문양은 오늘날 '베르기나의 태양(Vergina Sun)'으로 불리며, 마케도니아 왕조의 상징적 표식으로 자리 잡았다.

마케도니아 왕릉에서 발견된 황금 상자와
뚜껑에 새겨진 '베르기나의 태양'

이 발굴은 언론으로부터 "투탕카멘 무덤 발견에 비견되는

36

사건"으로 평가되었으며, 헬레니즘 이전 마케도니아 문화와 왕권의 위상을 재평가하는 계기를 마련하였다. 현재 이 발굴지는 '아이가이 복합 박물관(Polycentric Museum of Aigai)'으로 정비되어 일반에 공개되고 있으며, 관람객들은 발굴 현장과 유물을 현장에서 직접 접할 수 있다. 예전에는 사진 촬영이 금지되어 많은 아쉬움이 있었으나 최근에는 사진을 찍는 것을 허용한다.

출토품에는 금관, 금제 화관, 정교한 무기와 장신구 등이 포함되어 있다. 특히 참나무 잎과 도토리 모양으로 세공된 화관은 왕권의 신성성과 권위를 상징하는 것으로 해석된다. 또한 왕비의 무덤 벽화인 페르세포네의 납치 장면은 사후 세계와 재생의 신화를 표현하는 동시에, 현존하는 드문 고대 그리스 회화 사례로서 중요한 미술사적 가치를 지닌다. 이 유물들은 단순한 장례 부장품을 넘어, 고대 마케도니아 왕국의 정치·종교·예술적 세계를 총체적으로 보여주는 증거로 평가된다.

그러나 일부 연구자들은 부장품의 양식이 필리포스 2세 사후 시기와 더 유사하다는 점을 들어, 무덤의 주인이 필리포스 3세 아리다이오스(알렉산더 대왕의 이복동생)일 가능성을 제기하였다. 그러나 안드로니코스와 다수의 학자들은 무덤의 장식 수준, 무기·장신구의 품격, 그리고 역사적 맥락을 종합적으로 고려할 때, 해당 무덤을 필리포스 2세의 것으로 보는 것이 타당하다고 주장한다. 특히 장례 침대의 장식 조각에서 확인되는 인물상은 필리포스와 알렉산더의 생전 모습을 반영하는 것으로 평가되며, 예술적 사실성과 기록적 가치를 동시에 지닌다.

이 논쟁은 단순히 고고학적 연대 측정의 문제가 아니라, 마케도니아 왕조의 정통성과 고대 정치사의 해석이라는 더 큰 맥락과 직결된다. 베르기나 왕릉 발굴은 '신화가 역사로 전환되는 순간'을 상징한다. 플루타르코스 등 고대 문헌 속 왕조 전승과 발굴을 통해 드러난 고고학적 실체는 때로 불일치를 보이지만, 바로 그 긴장이 역사 연구의 생산적 동력이 된다. 아이가이에서 드러난 장례 유물과 벽화는 고대 마케도니아가 단순한 신화적 전설의 무대가 아니라, 실재했던 권력과 예술의 중심지였음을 입증하며, 동시에 헬레니즘 세계의 기원을 새롭게 조명한다.

이제 아이가이 즉 베르기나의 유적지에서 내가 느끼는 마지막 심정은 무엇인가? 황금관과 벽화, 무기와 장신구는 단순한 유물이 아니라, 마케도니아 왕조의 권위와 헬레니즘 세계의 기원을 증명하는 증언이다. 동시에 이 발견은 오늘날까지 이어지는 민족 정체성의 문제와 맞물리며, 고고학이 단순한 과거 탐구가 아니라 현재를 비추는 거울임을 보여준다.

그리고 한 시대가 남긴 권력의 장엄함과 인간 존재의 덧없음을 동시에 느끼게 된다. 이 발굴은 단순히 고대 무덤의 발견을 넘어, 마케도니아 왕조의 역사적 실체와 정통성을 증명한 사건이었다. 전설 속의 도시 아이가이는 실재의 역사로 부활했다. 나는 박물관을 나서며 깨달았다. 베르기나는 단순한 유적지가 아니라, 제국이 잠든 자리, 그리고 지금도 살아 있는 기억의 땅인 것을….

천년의 전통을 지켜 온 동방정교회의 성지
아토스

그리스 지중해의 북동쪽에서 쪽빛 에게 바다를 날아 올라 가면 마치 엄지와 약지를 구부리고 가운데 세 번째 손가락을 펼친 것 같은, 세 개의 곶으로 이루어진 할키디키 반도가 눈에 들어온다. 이 반도는 세계에서 가장 유명한 휴양지의 하나로서 굵직한 부호들의 별장이 있고 해마다 여름이면 많은 유럽과 러시아의 부자 관광객들이 이곳을 찾아 불타는 남국의 태양을 즐긴다. 이 할키디키 반도가 사람들로부터 주목을 받는 것은 이와 같은 이유만은 아니다. 반도의 곶 중 튀르키예 쪽에서 가장 가까운 세 번째 곶에 '성모 마리아의 정원, 천년을 지키어 온 금녀의 땅' 등 그의 명성에 걸맞게 많은 별명을 영예로운 훈장처럼 달고 있는 아토스 성지가 있기 때문이다. 길이 40km, 폭 8~12km 전체 면적 385km^{2}의 그리 크지도 않은 그리스의 유일한 자치주 아토스는 그리스 정교회의 성지이다. 뿐만 아니라 정교회 신학의 정수라고 할 수 있는 영성신학의 산실, 수도원 운동의 중심지이다.

아토스는 그냥 아토스가 아니라 '거룩한 산 아토스'라는 뜻의 '아기온 오로스 아토스(Ἅγιον Ὄρος Ἄθως)'라고 부르고 있다. '아기온 오로스 아토스'라는 말이 처음 사용된 배경은 기원전 492년 페르시아의 다리오가 많은 군대를 보내어 그리스를 정벌하러 온 데서 유래한다. 현재 그리스 북부 지역인 트라키 지역과 마케도니아 지역을 유린한 후 부대를 남부 지역으로 이동할 때 아토스 곳에서 갑자기 폭풍우가 몰아쳐 300척의 적의 군선이 침몰되고 2만 명의 병정들이 죽었다. 결국 페르시아군은 철수할 수밖에 없었다. 그 이후 그리스인들에게 아토스는 자연스럽게 신성시되어 왔다.

이 같은 역사적 배경이 아니라도 검푸른 바다 한가운데 우뚝 솟은 날카로운 바위산을 바라다보면 누구나 신비로움에 감탄을 할 수밖에 없다. 동로마제국 즉 비잔틴 제국 시절에 들어와서는 이곳에서 수도하는 수도사들이 생기기 시작한다. 그리고 아르메니아 출신 장군으로 황제를 살해하고 동로마제국의 황제가 된 요한네스 치미스케스에 의해 972년 '아기온 오르스에 관한 트라고스(TRAGOS)'라는 법령이 제정된다. 그 뒤 1060년 콘스탄티누스 10세 모노마코스의 칙령에 의하여 지금까지 여성의 출입이 금지되고 있다.

이러한 여성 출입금지의 전통은 오늘날에 와서는 많은 도전을 받고 있다. 그리스가 속한 유럽연합 의회에서 종종 성차별 위반으로 이 문제가 중요한 사안이 될 때가 많이 있다. 하지만 이러한 외부의 반발에도 불구하고 천년을 이어 온 전통은 종교적인 문제만 아니라 국민적 자부심의 한 중심에 자리하고 있기에, 아토스의 전통은 앞으로도 계속될 것이다.

그리스인 남성이라면 한 번은 다녀와야 하는 아토스로 가는 길은 험하고 어렵다. 추상적인 표현이 아니라 사실 외국인이 아토스에 가기란 결코 쉬운 것이 아니다. 거주 비자가 없는 관광객은 먼저 대사관에서 추천서를 받은 다음 테살로니키에 있는 아토스 자치주 사무실에서 허가비자를 받아야 한다. 테살로니키에서 세 시간 이상 달려가면 하늘의 도시라는 우라노폴리에 도착케 된다. 이 작은 마을을 기점으로 더 이상 여성들은 들어갈 수 없다. 게다가 길이 없고 산이 험하여 오직 배를 이용하여 아토스에 들어갈 수밖에 없다.

아침에 한 번 운행하는 정기 여객선은 언제나 순례를 하는 남성들로 만원을 이룬다. 우라노폴리를 출발한 배는 중간중간에 수도원들을 들러서 아토스에서 제일 큰 항구인 다프니에 도착하게 된다. 다프니는 작은 부둣가에 지나지 않지만 자치주의 출구답게 세관과 우체국, 경찰서 등이 있다. 항만의 모습은 여느 부두와 다를 바 없는 풍경이지만 아무리 보아도 여자가 보이지 않아 아토스 성지에 온 것을 실감케 된다. 다프니 항구에서 낡은 버스를 타고 큰 고개를 넘어가면 아토스

에스피그메누 수도원

의 수도 카리에에 도착한다. 카리에의 광장은 시골 장터처럼 작고 소박하다. 아담한 아토스 성청은 그리스 정교회뿐만 아니라 러시아 수도원인 판텔레이몬스 수도원, 불가리아 수도원인 조그라프 수도원, 세르비아 수도원인 할리안다 수도원 등과 아토스 성경 사본을 소장하고 있는 맥스티 라브라스 수도원 등 20여 개의 큰 수도원을 관리하고 있다.

뿐만 아니라 스키테라고 불리는 작은 수도원들 외에 깊은 골짜기에 방을 만들어 두세 사람씩 수도를 하는 사람들까지도 총괄한다. 대부분의 수도원에는 수세기 전에 그려진 각기 다른 벽화들과 귀중한 유물들을 가지고 있다. 그래서인지 많은 수도원들이 절벽이 아니면 가파른 산비탈에 세워지고 그것도 모자라 높은 담으로 둘러진 모습은 마치 요새를 방불케 한다.

수도원 규율에 따라 정교회 성도만 기도회에 참석게 하고 다른 교파는 참석치 못하는 수도원이 있는가 하면, 새벽부터 저녁까지 수도사들과 똑같이 깨어서 기도하고 짧은 시간이지만 함께 일하는 수도원도 있다. 하루에 두 번 하는 식사 시간에 도착하여 밥을 얻어 먹는 날이면 저절로 감사의 말이 나온다. 그리 넉넉하지도 부족하지도 않은 정갈한 음식들이 지불한 체류 비자비에 비해 과분할 정도이다.

아토스는 비잔틴 문화의 계승과 아이콘, 프레스코화의 전통을 이어가며 정교회 영성 운동의 산실답게 많은 역사를 간직한 곳이다. 그리고 묵은 역사만큼이나 찾는 이들에게 깊은 감동을 주는 곳이다. 5일간 순례를 마치고 선상에서 바라보는 2,033m의 거대한 아토스의 영봉이 구름에 가리어져 눈에서 멀어질 때면 그곳에서 짧은 생활이 여름밤의 꿈같이 아련하게 느껴졌다. 아무나 함부로 접근할 수 없는 금단의 땅이기 때문일까? 저녁노을에 비치는 아토스 성지는 더욱더 신비하고, 성스러움을 간직하고 있는 것 같다. 오랜 시간이 지났지만 그곳을 생각할 때마다 다시 가고 싶어진다.

수천 년을 변함없이 흘러내리는 온천 도시
테르모필레

테르모필레. 일반인들에게는 생소한 지명이지만 역사, 특히 전쟁사에 흥미를 가진 사람들에게는 그리 낯설지 않은 지역의 이름이다. 이라크 전쟁이 발발하기 직전에 뉴스위크지의 한 기고가는 미국이 이라크 전쟁에서 '테르모필레의 징크스'에 빠질 수 있다는 경고를 한 적이 있다. 테르모필레는 그리스 중동부에 위치하는 지역이다. 고대어로는 이곳을 '테르모필라이'라고 불렀는데, '문' 또는 '뜨거운 통로'를 의미하는 단어이다. 이 지역에서 뜨거운 온천수가 솟아나왔기 때문에 테르모필라이라고 불리게 되었다고 한다.

아테네에서 테살로니키를 이어주는 E75번 동부 해안 도로를 타고 200km를 달려오면 썩은 계란 삶는 냄새가 진동하는 반경 1km 정도의 지역에 이른다. 이곳이 테르모필레이다. 비가 오는 날이면 멀리서도 뜨거운 온천에서 올라오는 하얀 수

증기를 볼 수 있다. 혀에 닿으면 알싸한 천연 유황온천이 아무런 여과 없이 흘러 고스란히 바다로 들어간다.

이곳에서 벌어진 사건이 역사에 기록된 것은 기원전 약 480년경이다. 페르시아군 수만 명이 스파르타를 비롯한 아테네, 테베 등지에서 뽑혀온 그리스 군대에 의해 전사한 곳이기도 하다. 영화에서는 300명만이 엄청난 대군과 싸우지만 실제로는 4천 명의 군사가 4교대로 싸웠다.

이 전투는 스파르타의 왕 레오니다스가 진두지휘를 하였다. 기원전 491년 다리우스 1세는 모든 그리스 도시국가에 특사를 보내 복종의 표시로 '흙과 물'을 보내라고 요구했다. 그리스 대부분의 도시국가들은 다리우스에게 그 땅의 흙과 물을 줌으로써 복종을 나타냈다. 그러나 아테네와 스파르타는 다리우스의 사신들을 죽였다. 특히 스파르타의 왕 레오니다스는 우물에 살아 있는 사신들을 집어넣을 때 '모론 라베(Μολὼν λαβέ)' 즉, '네가 와서 직접 가져가라'라는 유명한 말을 한다. 모론 라베는 레오니다스의 이름을 대신하여 그의 동상에 기록되어 있다. 테르모필레는 칼리드로모 산과 늪지화된 바다가 양쪽에 펼쳐져 있어 많은 군대가 통과할 수 없는 천연의 요새이다. 이 좁은 협로에 그리스 연합군이 지키고 있기에 페르시아 군대는 완전히 고립되어 벗어나지 못하고 있었다. 지리적으로 유리한 고지에서 싸우던 그리스 연합군에게 에피알테스라는 배신자가 현지인만 알고 있는

샛길을 페르시아군에게 알려줌으로써 그들의 군대가 그리
스 연합군의 후방으로 들어왔다. 그러자 레오니다스는 다른
도시국가의 모든 군대는 돌려보내고, 배신의 기미가 농후한
테베의 700명은 그들과 같이 싸우게 한다. 그리스인을 배신
한 에피알테스라는 이름은 지금까지도 배신자라는 오명을
가지고 있다. 현재 에피알테스의 길은 '악몽의 길'이라고도
불린다.

레오니다스 동상 아래에는 '모론 라베'가
새겨져 있다.

　스파르타의 왕 레오니다스는 끝까지 남았던 그의 군사 300명과 장엄한 전사를 한다. 그러나 상대 페르시아군은 헤아릴 수 없는 병사들이 전사를 당했다고 그리스 역사가 헤로도토스는 『역사』에 기록하고 있다.

　페르시아의 크세르크세스 황제는 적이라도 용감하게 싸운 상대는 자신에 버금가는 장례식을 치러 주었지만 스파르타의 왕 레오니다스만은 목을 잘라 말뚝에 박고 그 사이로 군대를 통과시켰다. 그 옛날 전쟁이 일어났던 길가에는 절두된 형상의 동상과 전투 시의 모습이 조금 떨어져 나란히 서 있다.

　이 동상들을 지나쳐 맞은편 작은 주유소를 끼고 산속으로 들어가면 수천 년 동안 끊임없이 흘러내리고 있는 온천 폭포수가 나타난다. 이곳은 노인들과 환자들을 위한 요양소로 운영되다가 이제는 난민촌으로 사용되고 있다. 평소에는 유럽 여러 나라에서 이곳으로 여행 온 여행객들과 이곳을 오고가는 장거리 트럭 운전자들이 스스럼없이 옷을 벗고 몸을 담가 지친 여행의 피로를 풀고 간다. 마치 전쟁에 지친 스파르타 병사들처럼….

　수천 년을 변함없이 흘러내리는 온천 테르모필레에서 생각나는 것은, 많은 장비와 인력을 가지고도 어려움에 처했던 제국 페르시아의 황제 크세르크세스의 심정이 오늘 우크라이나와 전쟁을 치르고 있는 러시아의 푸틴의 마음이 아닐까,

하는 것이다.

오! 나그네여! 스파르타에게 말해다오!
우리가 여기에 누웠다고, 약속을 지켰다고.
_헤로도토스, 『역사』 중에서

기암괴석 위에 세워진 수도원
메테오라

'메테오라'는 그리스 중부 테살리아 평야가 끝나는 지점에서 거대한 암석이 솟아올라 있는 곳으로, 꿈속의 엘도라도라는 표현을 떠올리게 한다. 황금색은 아니지만 웅장하면서도 인간의 염원과 정성이 스민 수도원들을 볼 때 나는 이곳에 대한 다른 표현이 떠오르지 않았다.

성경과 그리스 신화에는 이곳이 언급되지 않고 있다. 그러기에 바울 사도의 흔적도 찾을 수가 없다. 하지만 그가 전한 복음은 이곳에서 수도사들이 정성과 믿음으로 필사하여 귀한 사본으로 전해지고 있다. 유추할 수 있는 것은 사도 바울이 마케도니아에서 아가야로 다니실 때 한 번 정도는 조금 떨어진 길을 이용하지 않았을까 하는 생각이다. 그리고 역사책에도 메테오라에 대한 언급은 없다.

메테오라라는 말은 고대어로 '유성' 또는 별똥별인 '운석'

을 의미한다. 지금도 '메테오라'는 하늘에 뜬 돌, '공중에 매달린 돌'이라는 의미로 사용한다. CNN이나 BBC 뉴스에서 일기예보를 할 때마다 나오는 단어가 메테오라이다. 공중에 뜬 돌에서 파생된 단어가 유성학(meteoritics) 또는 기상학(meteorology)이기 때문이다.

우리는 유명한 메테오라만 알고 있지만 사실 메테오라 주변에는 BBC가 극찬한 비코스-아오스 국립공원이 있다. 이 공원 지역은 테티스라는 거대한 고대 바다의 바닥지역으로, 알바니아 국경에서 테살리아까지 뻗어 있는 그리스 중부 분지의 남쪽 가장자리 근처까지 위치하고 있다. 서쪽으로 핀도스 산맥에 접경하고, 동쪽으로 에게해 지역과 경계를 이룬다. 자연스레 메테오라는 이 공원의 일부가 되는 것이다.

메테오라 외에도 작고 아름다운 장소들이 곳곳에 산재되어 있다. 유네스코 발표에 의하면, 지질학자들이 이 바위군을 분석하기를, 이 봉우리들은 백악기 후기인 약 6,000,000년 전인 제3기에 강이나 해양 퇴적물로 채워졌다고 한다. 메테오라는 자갈 사암과 조약돌로 구성된 거친 입자의 사암과 역암이 지각변동과 풍화작용에 의해 생겨난 거대한 잔괴라고 한다. 학자들이 뭐라고 말해도 좋다. 내 눈에는 누구도 흉내 낼 수 없는 신묘막측(神妙莫測)하신 하나님의 작품이다. 그리고 그 위에 인간의 믿음으로 세워진 수도원들이 영화 속의 무대가 되기도 하며 관광객과 순례자들을 불러 모은다.

메테오라에는 60여 개의 봉우리들이 있다. 가장 높은 곳이 약 400m에 이른다. 일반인들이 쉽게 근접할 수 없는 장소인 이곳에 수도원이 자리를 잡기 시작한 것은 11세기경 하나님의 임재를 사모하는 수도사들이 하나둘 모이기 시작한 것으로 보고 있다. 오스만 튀르크의 강성기인 14세기부터 이곳에 집단적인 수도원이 설립되기 시작한다. 가장 많은 때 스물일곱 개의 수도원이 있었다.

바위 봉우리 꼭대기에 세워진 수도원

이곳에서 수도하던 수도사들은 매일 기도와 예배를 여덟 시간 드린다. 그리고 여덟 시간 노동의 시간을 갖는다. 농사를 짓는 수도사, 성화를 그리는 수도사, 성경을 필사하는 수도사, 수를 놓는 수녀들이 있다. 이 범위를 벗어난 수도사는 한 사람도 없었다고 한다. 그리고 개인에게 주어진 여덟 시간은 자기가 하고픈 일을 하는 시간이다. 잠자는 것까지 포함해서. 수도사들은 모두가 검정색 옷을 입고 남자들은 검정색의 빵떡모자를 쓴다. 수녀들 역시 검정색으로 머리를 가린다. 이유는 모든 욕심을 내려놓고, 모든 것을 참으며, 속에서 살아나는 자신을 죽인다는 의미라고 한다. 생활에 필요한 물품이나 음식을 올려주는 한 줄 도르래에 의지하여 매일같이 반복되는 삶을 살았던 수도사들의 영성이 오늘날 그리스 정교회의 근본과 영성의 원천이 아닌가 한다.

한때는 수백 명의 수도사들이 있었지만 지금은 겨우 명맥을 유지할 정도의 수도사와 수녀들이 거하고 있다. 모두가 대학 졸업 이상의 학력을 소지한 사람들이라고 한다. 이곳이 메테오라라고 불리게 된 것은 메갈론 메테오론 수도원을 세운 성 아타나시오스가 1344년에 수도원을 세울 때 등반한 '넓은 돌'을 '유성($\mu\varepsilon\tau\acute{\varepsilon}\omega\rho o$)'이라고 이름을 붙이면서 시작된 것이다. 이 수도원들은 오스만 튀르크의 점령 아래서는 그리스어와 민족, 그리고 성경을 가르쳤다. 수백 년 오스만 튀르크의 점령 아래서도 그들의 정신과 신앙을 잊지 않은 것이다.

2차 세계대전 중에는 독일의 점령에 맞서서 게릴라전을 벌이기도 했다. 독일은 공군기를 동원하여 이 지역에 무차별 폭격을 가했다. 그래서 지금은 여섯 개의 수도원만이 남아 있게 되었다. 거칠고 바위투성이인 이곳은 기독교 금욕주의자들과 은둔자들에게 최적지였다. 이곳 수도원들은 그리스 정교회의 종교적인 랜드마크일 뿐만 아니라, 많은 방문객들에게 감동과 기쁨을 선물하는 곳이기도 하다. 오르기만 해도 오금이 저려오는 짜릿함으로 시작해서 정상에 서면 하나님을 찬양하게 만드는 장소이다. 몇 해 전 한국에서 인기를 끈 프로그램 〈꽃보다 할배〉의 출연자들이 이곳에서는 마치 어린아이처럼 즐거워했던 모습이 지금도 기억에 남아 있다.

하나님이 만드신 대자연은 인간을 본연의 모습으로 인도한다. 거대하고 웅장한 자연은 우리가 얼마나 겸손해야 하는가를 알려주는 학습의 현장이다.

강으로 둘러싸인 양면의 도시
암피폴리

옛 명성에 비해 오늘날 알려지지 않은 지역이 암피폴리인 것 같다. 사도 바울은 필리피에서 테살로니키로 다닐 때에 당연히 에그나티아 가도를 이용했다. 자연스레 에그나티아의 중심도시인 암피폴리를 지나야만 했다. 로마 시대에는 이 지역의 수도로서 명성이 자자한 도시였다. 내가 살고 있는 테살로니키에서 출발하면 약 1시간 거리에 스트라몬 강을 중심으로 한 암피폴리 유적지가 나온다. 마음만 먹으면 하루에 몇 번이라도 다녀올 수 있는 곳이다. 고대 암피폴리 유적지 입구에는 뜬금없다는 표현이 어울릴 것 같은 기원전 4세기경에 만들어진 사자 동상 하나만이 스트라몬 강가에 덩그러니 남아 있다.

로마인들은 마케도니아 왕국을 점령한 후 왕국을 네 개로 분할했다. 트라키아 지역은 첫 번째 분할지였고, 중심도시인

암피폴리 유적지 입구에 덩그러니 서 있는 사자상

암피폴리는 이웃 필리피를 대신하여 분할지 수도로 삼는다. 로마 총독이 다스리면서 전차 경주장과 공회당 건물이 있는 대도시였다. 에그나티아 가도의 허브도시로서 암피폴리는 경제적, 문화적으로 크게 발전했던 것이다.

제2차 그리스-페르시아 전쟁 때 페르시아의 황제 크세르크세스는 이곳에서 아홉 명의 소년들과 아홉 명의 소녀들을 강의 신에게 제물로 생매장시킨다. 그 이후로 원주민인 에도니족들은 이곳을 '엔네아 오디' 즉 '아홉의 길'이라고 불렀다.

아테네 사람들은 팡게온 산에 있는 금광을 개발하기 위해서 기원전 465년 첫 번째 점령을 시도했지만. 에도니족에게 패하고 만다. 기원전 430년 페르시아와 전쟁 이후 아테네를 재건한 페리클레스가 이 지역을 점령하면서 지형적인 특징 때문에 도시 이름을 암피폴리라고 불렀다. 암피폴리는 도시 서쪽에서 내려오는 스트라몬 강이 도시 전체를 둘러싸고 흐르다가 동쪽 에게해로 흘러간다. 마치 우리나라의 예천 회룡 포 마을과 같은 곳이다.

아테네 사람들이 암피폴리를 건설하여 그곳의 금광을 통해 많은 부를 축적하고 아테네를 빠르게 재건한다는 소식은 견원지간이었던 스파르타에도 전해진다. 기원전 424년 브라시다스 장군이 이끄는 스파르타인들이 암피폴리를 아테네로부터 빼앗는다. 이때 역사가이며 아테네 장군인 투키디데스는 스트라몬 강의 하구에서 아테네 함대를 구했지만, 암피폴리를 빼앗겼기 때문에 20년 동안 고국 아테네에서 추방된다. 기원전 421년에 아테네인들은 도시를 탈환하려고 했지만 실패한다. 이 전투에서 아테네의 장군 클레온과 스파르타의 점령자인 브라시다스가 모두 전사한다.

니케아 평화 조약으로 스파르타는 암피폴리를 아테네로 반환할 것을 약속했지만, 이행하지 않았다. 새로운 문제가 제기되었고 이는 펠로폰네소스 전쟁이 다시 시작되는 원인 중의 하나가 된다. 아테네가 펠로폰네소스 30년 전쟁에서는 패하지만 기원전 358년 마케도니아의 필리포스 2세가 점령하기 전까지 아테네는 이 도시의 주인이었다. 필리포스 2세는 이 도시의 방어와 안정된 체제를 위해서 마케도니아의 여러 도시들에서 이곳으로 많은 사람들을 이주시켰다.

알렉산더 대왕은 암피폴리를 마케도니아 왕국의 에게해 해군기지 및 관문으로 사용한다. 알렉산더 대왕 시절 중요한 해군제독인 니어코스, 하드로스테네스, 라오데몬트가 이곳 출신이었다. 알렉산더 대왕이 다리우스 3세를 정벌하기 위해 출정한 아시아 함대도 이곳에서 출발한다. 이후 암피폴리는 파괴와 약탈을 겪었지만 로마 황제, 특히 옥타비아누스와 하드리아누스의 지원으로 9세기까지 마케도니아의 중요한 도시로 남아 있었다.

현재의 암피폴리는 유적지에서 약간 벗어난 서북쪽에 작은 마을이 있다. 이 마을의 도로를 통해서 정상으로 올라가면 십자군 시대의 도시 유적이 남아 있다. 단 아쉬운 것은 순례객을 태운 버스가 이곳까지 갈 수가 없는 것이다.

이 도시 유적은 1956년에 그리스 고고학 발굴단에 의해 처음으로 발굴이 진행되어 지금까지도 계속되고 있다. 13년 전 그리스 방송국에서 난리가 난 사건이 하나 있었다. 암피폴리에서 무덤 하나가 발굴되었는데 알렉산더 시대 왕족의 무덤이라는 것이다. 혹자는 알렉산더 대왕의 무덤이 아닌가 하는 이야기도 했다. 하지만 방송에서는 남자가 아닌 여성의 묘라는 것으로 결론이 났다. 조만간 일반에게 공개될 예정이라고 했지만 그 뒤로 아무런 소식이 없다. 가끔 고고학자들이 암피폴리의 아크로폴리스에서 초대교회들 유적을 발굴하다가 기원전 로마시대 유물들을 발굴했다는 소식만 신문에 실린다.

실없는 이야기인 줄 알지만 발굴 중 바울 사도의 기록이 나왔으면 하는 상상을 해본다. 바울 사도는 이 지역에서 그냥 쉬고만 가실 분이 아니기에 숨겨진 기록을 기대하는 것이다. 한 순간도 가만히 있지 않았을 사도 바울이기에, 지금은 허름한 유적지이지만 한때는 역동적이었던 양면의 도시 암피폴리에서 알려지지 않은 바울의 이야기를 기대하는 건 엉뚱한 생각이 아닐 것이다.

영화와 신화의 도시
볼로스

나는 이 도시를 생각하면 영화가 생각나고, 신화가 떠오른다. 영화 속의 필리로 해변과 스키아토스 섬은 누구나 빠져들 수밖에 없는 자연이 아름다운 곳이다. 뮤지컬 영화 〈맘마미아〉와 60~70년대의 유명한 팝그룹 아바(Abba)의 팬들이 열광했던 스키아토스 섬은 이젠 공항이 들어서고 영화 속의 작은 교회에서는 1년 이상 기다려서 금혼식 등을 치른다고 한다.

영화는 부둣가에서 시작한다. 맞은편에 있는 작은 섬 '스키아토스'로 가는 낡은 여객선을 타기 위해 남자 주인공들이 달리는 장면으로 〈맘마미아〉의 스크린이 열린다.

나의 아내는 아이들이 어릴 때부터 음악을 가르쳤다. 시립 음악원에서 여름 방학이면 항상 지방 연주여행을 다녀온다. 어느 날 큰아들이 "아빠 이곳에 꼭 한번 다녀오셔요."라고 했다. "어디?" 생각 없이 대답한 나에게 아들은 볼로스가 속한 필리로 산을 소개했다. 오랜 지인이 그리스를 방문했을 때 오랫동안 묵혀두었던 이 기억을 꺼내 함께 갔다. 파가시티코스 만(灣)을 두 팔 벌려 안은 듯한 필리로 산은 신화에서는 몸은 말(馬)이고 머리는 사람인 반수반인(半獸半人) 켄타우로스족의 땅 필리로라고 지금까지 불린다. 필리로 속으로 들어갔을 때 마치 내가 영화 속의 주인공이 된 듯 산속의 이끼 긴 길들을 걸었고, 돌로 만든 오래된 다리도 건넜다. 한때는 많은 관광객을 싣고 다녔을 협궤열차의 철길을 걸으면서 사진도 찍었다. 아름다운 해변과 손에 잡힐 것 같은 섬을 보면서 영화감독이라도 이곳에 반할 만하겠다는 생각이 들었다.

이제 신화 속으로 가 보자. 그리스인들이 좋아하는 신화 속 인물 중 한 사람은 이아손(야손)이다. 이아손은 황금양털을 찾기 위한 아르고호 원정대 대장이었다. 이아손은 중부 테살리아 이올코스의 왕이었던 아이손의 아들이었다. 아이손이 이복동생 펠리아스에 의해 왕위에서 쫓겨난다. 아버지가 왕위에서 쫓겨나자 디오메데스라는 이름의 어린 아들은 켄타우로스족의 케이론에게서 자라게 된다. 이때 아이는 아버지의 이름과 비슷한 이아손으로 개명했다. 어른이 된 이아손은 누추한 노파를 만나 그녀를 업어서 강을 건너다가 한쪽 샌들을 잃어버린다. 이 일 덕분에 헤라 여신의 후원을 받게 된다. 대부분의 신화에서 영웅들을 괴롭히는 역할로 출연하는 헤라에게 후원을 받은 몇 안 되는 영웅이 된다.

한쪽 샌들만 신고 나타나 삼촌 펠리아스에게 왕위를 돌려줄 것을 요구하는 이아손을 보고 "한쪽 샌들만 신은 젊은이가 나타나 자신을 파멸시킬 것"이라는 신탁을 기억한 펠리아스는 이아손을 없애버리기 위해 동방의 콜키스(지금의 흑해변의 도시)로 가서 황금양털을 구해 오면 요구대로 왕위를 주겠다는 조건을 내건다. 이후의 이야기는 더 이상 말하지 않아도 다 아는 이야기다. 많은 책과 영화, 아이들 만화에도 나온 이야기이기에 생략한다.

신화 속의 이올코스는 오늘의 볼로스이다. 원래 이름인 이올코스 또는 데미트리아다가 왜 볼로스가 되었는지 그 이유가 궁금했다. 볼로스라는 이름의 기원에 대해서는 아무런 기록이 없다고 한다. 자연스레 여러 이야기가 생겨났는데 고대 이름인 Iolkos가 Giolkos 또는 Golos로 변형되어 불리다가 Volos가 되었다고 한다. 다른 설은 Volos라는 이름이 신화에 따르면 부유한 지주였던 Folos라는 이름에서 유래했다고도 한다.

역사학자이며 사회학자인 야니스 코르다토스는 신문에 기고한 글에서 Volos라는 단어는 슬라브 신 Volos에서 유래했

고, 대지와 농업, 농경의 여신 데메테르와 동일하다고 말한
다. 그리고 이 도시는 기원전 293년 마케도니아의 왕 데메트
리오스 폴리오케테스가 설립한 후 이 지역을 이올코스 또는
데미트리아다라고 불러왔다고 한다.

마지막 가설은 Volos라는 이름은 걸프를 의미하는 이탈
리아어인 golfo가 변형된 것이라고 한다. 분명한 것은 지명
볼로스가 14세기경에 등장했다는 것이다. 필리로 기슭에 세
워진 마을에 처음으로 이름이 붙었고, 오늘날도 이 지역을
상(上) 볼로스라고 한다.

외세의 침략이 많았던 볼로스의 역사

이곳에 사람들이 살기 시작한 것은 아주 오래전부터이다.
기원전 4000년에서 1200년 사이의 유적들이 볼로스 서쪽의
데미니에서 발굴되었다. 가장 오래된 아크로폴리스를 비롯
하여 신석기시대 정착마을들의 유물이었다고 한다.

7세기경 슬라브족의 일파인 벨레게지족이 이 지역에 정착
했다. 1333년 동로마 제국의 장군 요한 모노마코스에 의해
점령되기까지 이들이 이곳의 주인이었다. 1348년 세르비아의
통치자 그레고리 프렐주브가 동로마 제국의 군대를 몰아냈
다. 1373년부터 20년 동안 다시 동로마 제국이 회복하였다.

볼로스는 동로마 제국의 멸망 이전인 1423년부터 오스만
제국의 통치가 시작되었다. 당시 오스만 제국의 강력한 반대

볼로스의 아름다운 해변

세력인 베네치아공국의 공격에 대비해 도시를 요새화했다. 수비대뿐만 아니라 아나톨리아에서 온 이슬람 정착민도 거주하게 했다. 기독교 공동체들은 차례로 도시를 비우고 필리로의 산속으로 이주했다. 16세기 후반 들어 도시는 성벽 밖으로 확장되기 시작했다. 베네치아가 점령하기도 했지만 1821년 5월, 그리스 독립운동이 시작될 때까지 오스만 튀르크가 통치하고 있었다. 오스만 튀르크와 그리스 독립 운동가들이 수많은 전쟁을 치르다가 볼로스는 1881년 11월 그리스 왕국에 합병되었다.

무스타파 케말 파샤가 1923년 튀르키예 공화국을 설립하자 그리스와 튀르키예 양국은 자국민 학살 방지 차원으로 수많은 인원을 주고받는다. 이때 이오니아, 폰토스, 카파도키아, 동트라키아에서 그리스계 난민들이 이곳으로 유입되어 오늘의 볼로스를 만들었다.

신화의 씨앗 속에서 자라난 도시, 영화 속의 기억 때문에 아련한 추억의 도시로 자리 잡은 볼로스. 사실 아름다운 도시이다. 아름답기에 신화도 이해가 되는 곳이다. 아픈 침략의 역사를 품고 있기에 그 이름의 유래마저도 정확하지 않은 곳. 과거의 기억은 역사에 묻고 오늘 우리에게는 추억과 그리움을 선물하는 가슴이 시릴 만큼 기억에 남는 평화로운 도시이다.

아름다운 호반의 도시
요아니나

요아니나는 그리스 북서부 서마케도니아 지역 에피로스 주(州)의 주도(州都)이다. 주변 도시권의 인구가 약 10만 명에 이르는 제법 큰 도시이며, 평균 해발 고도 600m 지점에 자리 잡고 있다. 오래전 우리 가족이 처음 그리스에 왔을 때는 네아 에그나티아 고속도로가 없었다. 사람들의 통행도 지금처럼 많지 않았다. 이곳은 정말 가끔 가다가 한 번 정도 지나가는 길이었다. 굽이굽이 산길을 지그재그로 오르내리다가 산중턱에서 내려다보는 요아니나는 보는 사람 모두가 감탄을 자아내게 했다. 핀도스 산맥에서 흘러내린 아름다운 호수인 팜보티다를 둘러싸고 펼쳐진 도시와 호수 안에 있는 작은 섬, 저녁놀이 질 때 나 역시 한동안 바라만 보았던 기억이 남아 있다. 15년 전부터 고속도로를 이용하기에 이제 그림 같은 풍경은 보지 못한다.

아름다운 호수로 둘러싸인 도시 요아니나

도시의 공식 이름인 요아니나에 대해 학자들은 세례 요한을 기념하기 위해 세워진 아기오스 이오아니스 프로드로모스 수도원 주변에서 도시가 처음 시작된 것과 관련이 있다고 보았다. 다른 설은 비잔틴 황제 유스티니아누스가 에우로이아의 주민들을 성안으로 옮겨 요새화하고 당시 그의 장군인 벨리사리우스의 딸 요아니나의 이름을 따서 명명되었다고 한다. 사실 나는 후자에 더 확신이 간다.

요아니나의 역사

요아니나가 정확히 언제 건설되었는지는 알 수 없으나, 비잔티움 제국의 유스티니아누스 1세(재위 527~565년)가 지은 '새롭고 요새화된 도시'가 요아니나인 것으로 지금까지 여겨저 왔다. 그러나 최근 고고학의 연구로 이 도시는 훨씬 더 오래된 도시라는 것이 밝혀졌다. 조사 결과 초기 기독교 시대에도 존재했다고 한다. 초기 성터에서 발견된 로마의 장례 기둥과 디오니소스 신상의 머리가 발견되면서 로마 시대에도 사람들이 살았을 것으로 추정된다. 그러나 초기 비잔틴 유물들은 발견하지 못했다고 한다. 앞서 말했듯이 비잔티움 제국의 유스티니아누스 1세 시대를 거치면서 6세기 말과 7세기 초에 슬라브족의 침입으로 슬라브인들이 수십 년 동안 점령했을 것으로 간주하고 있다. 879년에 이 도시는 제4차 콘스탄티노플 공의회에서 현재의 이름으로 처음 언급되었다. 1082년에 도시는 성벽을 수리한 타란토의 보에몽 휘하 노르만족들에 의해 점령되었다. 1204년 콘스탄티노플이 함락되고 십자군이 영토를 분할하면서 요아니나는 베네치아에 속하게 되었다. 나중에는 에피루스 제국의 일부가 되었다.

1430년 10월 9일, 시난 파샤 휘하의 오스만 군대가 도시에 진입하여 주민들에게 재산과 신앙 등을 지켜주기로 약속한 후 조약을 맺었다. 이 시기에는 여러 수도원이 세워지면서 영적 중심지로 발전했다. 17세기에 오스만 총독은 도시를 재건하려고 했다. 많은 무슬림 기관이 설립되면서 무슬림 인구가 크게 불어났다. 1611년 라리사의 전 주교였던 철학자 디오니시오스는 본명보다도 그의 정적들에 의해 '스카일로소포스' (개 철학자)로 불렸다. 그는 이 지역에서 독립을 위한 투쟁을 일으켰으나 그리스 출신의 예니체리(오스만 제국의 정예부대)였던 도시의 사령관 아슬란 파샤에 의해 진압되었다. 디오니시오스는 마지막 유언으로 아슬란 파샤에게 "내 백성을 너의 고문과 폭정으로부터 해방시키기 위해 싸웠다"라는 말을 남기고 순교를 당하게 된다. 투쟁의 결과로 기독교는 더욱 혹독한 탄압을 당하는데, 성 요한 교회가 파괴되고 성직자들이 살해당했다. 그 자리에 디오니시오스 저항운동을 진압한 아슬란 파샤를 기리는 모스크가 1618년에 세워졌다. 이때부터 튀르키예인과 유대인 가족만이 도시의 성안에 정착했다. 추방된 기독교인들은 성 밖에 새로운 정착지를 세워야 했다.

오스만 제국의 탐험가이자 작가인 에블리야 첼레비가 1670년에 이 도시를 방문하여 "18개의 무슬림 구역과 14개의 기독교인 구역 그리고 네 개의 유대인 지역, 한 개의 집시 거주지가 있다"라고 그의 저서 『세야하트나메(여행담)』에 기록했다. 또한 이 도시는 17세기 중엽부터 19세기 초까지는 그리스 계몽운동의 중심지였다. 그러나 1869년의 대화재로 크게 파괴되었다. 1912년에 그리스 군대에 의해 오랜 세월이 지나 그리스의 영토로 돌아온다. 대부분 그리스 북부 도시들과 마찬가지로 1922년의 그리스-튀르키예 인구 교환으로 이곳에 살고 있던 무슬림 주민들은 떠나고, 대신 소아시아에서 온 그리스인들이 정착하였다.

그리스 계몽주의 시대와 요아니나 그리고 알리 파샤

오스만 제국 말기에 그리스와 연관된 두 명의 알리 파샤가 등장한다. 먼저 그리스 카발라 출신 모하메드 알리 파샤이다. 이 사람은 이집트 총독으로 파견되었지만 오스만 제국을 배신하여 이집트의 알리 왕국을 건설한다. 1952년 나세르의 군사 쿠데타가 일어나면서 군주제 공화제 등으로 이름을 바꾸면서까지 연명되었던 알리 왕국은 역사 속으로 사라진다.

또 다른 알리는 알바니아 남부 테펠레네 출신 알리 파샤이다. 일찍 남편을 잃은 알리의 어머니 함코는 가문을 되살리기 위해 산적들을 모았다. 알리 역시 악명 높은 산적이 되었다. 알리는 에우보에아(현재 에비아 섬)의 파샤 밑에서 일했다. 델비노의 부유한 파샤와 손을 잡았고 1768년에는 그의 딸과 결혼했다. 부를 축적한 그는 이스탄불에 많은 선물을 보내는 등의 행동으로 중부 그리스 트리칼라 지역의 파샤가 된다. 이후 알리는 많은 음모를 꾸미면서 결국은 요아니나의 파샤가 되었다. 그는 아들 벨리에게 트리칼라를 넘겨주었고, 다른 아들 무흐타르에게는 그리스 남부 레판토의 파샤가 되게 했다. 알리는 많은 정적과 지배민족의 암살 위협 속에서도 알바니아 엘바 산까지 그의 영역을 확장했다. 알리 파샤는 살아 있는 사람들을 자루 속에 넣어 익사시키는 등 권력에 반대하는 사람들이면 오스만의 권력자까지도 살해하는 잔혹함을 보였다.

알리는 루멜리아의 부왕으로 임명되었지만 계속해서 술탄의 명령을 이행하지 않았다. 독립 군주와 같이 행동했고 영국과 프랑스도 그를 그렇게 대했다. 그는 요아니나를 해상강국으로 만들기 위해 영국·프랑스, 두 나라와 밀통까지 한다. 1819년 오스만 제국을 중앙 집권화하려던 술탄 마무드 2세는 알리를 제거하려다가 도리어 그에게 암살당했다.

또다시 살인과 음모로 자신을 보호하려던 알리는 아들들과 동맹자들에게 버림받고 결국 섬에서 저항하다 살해당하고 만다. 권력에 대한 탐욕으로 잔혹한 행동도 서슴지 않았지만 그가 남긴 유산도 있다. 그는 그리스인들을 고용하여 그리스식 학교들과 많은 건축물을 세웠다. 알리 시대에 요아니나는 그리스 문화의 중심지가 되었다. 그가 건축한 궁정과 많은 건물들은 지금까지도 역사적 가치와 당시의 건축미를 나타내고 있다.

당시 비엔나와 부쿠레슈티에서 헬레니즘의 문화가 꽃피울 때 그리스 내부에서는 요아니나와 콘스탄티노플에서 그리스 문화 계몽운동이 일어났다. 그래서일까 아테네와 테살로니키에 이어 세 번째로 큰 대학이 요아니나 대학이다. 도시는 자연스럽게 올드한 안정미와 젊은이들의 숨결로 활기를 띠고 있다.

요아니나의 선착장

테살로니키에서 네아 에그네티아 도로를 이용하여 두 시간 달려오면 이곳에 도착한다. 아내와 내가 얼마 전에 방문한 이곳 구 시가지의 모습은 그리스의 감성이 아니라 튀르키예의 어느 도시에 온 것만 같았다. 도시를 둘러싼 성벽들과 모스크 그리고 교회들, 전통 시장 모든 것이 좋았다. 일인당 2유로만 내고 섬으로 데려다주는 배를 탔다. 10여 분의 항해 끝에, 알리 파샤 혁명 박물관을 비롯하여 수도원들과 교회가 있는 섬에 닿았다. 선착장에는 민물장어 구이집들이 있어, 아주 저렴하게 장어구이로 늦은 점심을 아내와 함께했다. 잔물결도 없는 잔잔한 호수는 나에게 많은 추억을 남겨주었다. 알리 파샤의 반란과 총성, 그리고 죽음 같은 역사적인 사건은 역사에 묻어두고, 이날 나는 자연만 느꼈다.

선박 왕 오나시스, 그리고 내가 사랑하는 섬 레프카다

우연히 만난 레프카다. 한국의 모 신학교에서 그리스로 졸업여행 겸 3학점 강의를 부탁받았다. 문제는 니코폴리스에서 강의를 한 후 아무리 찾아도 주변에서 그날 머물 호텔을 구하지 못했다는 것이다. 아쉬운 마음으로 한 시간 거리의 호텔을 찾으니 30분 거리 레프카다에 호텔이 있다고 여행사에서 연락이 왔다. 처음에는 그곳이 섬인 줄도 몰랐다. 레프카다로 가는 길은 처음이기에, 하나하나 살피면서 풍경을 마음에 담았다. 그리스 서해안 외진 곳에 작지만 분명히 국제공항이 있었다. 나중에 알고 보니 이 공항이 수많은 연예인과 귀족, 부자들이 레프카다 섬을 찾기 위해 만들어진 것이었다. 섬으로 가는 길가에 버려진 고성들이 나타나기 시작할 무렵, 해안에는 누가 와서 사진을 찍어도 작품이 나올 것 같은 예쁜 요새가 나타났다. 이 요새는 아기아 마브라라는 이름의 베네치아 사람들이 만든 요새였다. 아름다운 주변 환경과 어울리지 않는 녹슨 대포들이 성 주변에 즐비하게 전시되어, 한때는 아름다움과 거리가 먼 전투의 현장이었음을 잊지 말라고 경고하는 것 같았다.

섬에서 육지를 향하여 작고 기다란 2차선 도로를 만들어 놓았다. 이 길 때문에 인공의 작은 바다 호수가 하나 생겼고 길 옆에는 배들이 다니는 뱃길이 나란히 달리기를 하고 있었다. 도로와 뱃길이 끝나는 지점에는 다리가 아닌 제법 큰 배 하나가 육지의 도로와 섬의 도로를 이어주는 가교로 사용되고 있었다. 차들을 섬으로 연결해 주고 배들이 올 때 차들이 철길의 건널목처럼 기다리면 그 배는 가로로 움직여 배들이 다닐 수 있도록 길을 터 줬다.

이 섬에 대한 신기한 마음은 나를 아내와 다시 찾게 만들었다. 그리고 아이들이 방학 때나 집에 오면 아이들과 다시 찾곤 했다. 어느새 이 섬은 내가 사랑하는 장소가 되었다.

레프카다 섬의 역사

기원전 7세기에 이 섬에 사람들이 살기 시작했다고 한다. 아테네와 스파르타가 끈질기게 싸웠던 아테네-스파르타 전쟁 때는 스파르타의 편에서 싸웠다고 한다. 그러다 이 도시는 3세기 시라쿠사의 독재관이며 시칠리아의 왕이었던 그리스 출신 아가토클레스에게 정복당했다. 비잔틴 시대에 이 섬에 대한 역사적 자료는 생각보다 없었다. 879년 제4차 콘스탄티노플 공의회에서 주교령으로 승인되었고 황제 레오 6세 때 대주교령으로 승격되었다.

1198년 베네치아 공화국은 이곳에 대한 사용특권을 부여받았고, 1204년 비잔티움 제국 분할 조약에서 섬을 소유했다. 이후 여러 침략과 점령을 당했다. 프랑스 출신의 시칠리아 왕 카를루 1세는 이곳을 점령한 후 요새화된 도시를 확장했다.

오스만 튀르크인들은 섬을 검은 성자라는 뜻의 아야 마브라(Aya Mavra)라고 불렀다. 그리스어 아기아 마브라(Αγία Μαύρα)에서 유래했다. 이때까지는 전체 인구가 기독교인이었던 것으로 보이며 요새 수비대와 행정관만이 무슬림이었다고 한다. 17세기에는 이슬람이 상당히 발전한다. 외부의 침략을 방어하기 위한 성벽으로 둘러싸인 마을에는 크고 작은 많은 모스크와 목욕탕, 이슬람 학교 등이 있었다. 그리고 이곳에는 무슬림만 거주하게 되었다.

1684년 프란체스코 모로시니 휘하의 베네치아군이 이 섬을 재정복했다. 모로시니는 마을과 성벽을 파괴하고 이슬람과 관련된 모든 건물을 철거했다. 그리고 이들은 1710년대에 성을 현대화하여 오스만 튀르크 성곽의 마지막 흔적을 제거하고, 동부 그리스 본토 쪽을 향한 외부 작업을 추가했다. 제7차 오스만-베네치아 전쟁 동안 1715년, 오스만이 모레아를

레프카다의 시가지 풍경

재정복했다. 이후 베네치아인들은 처음에 레프카다를 버리고 케르키라 섬 방어에 자원을 집중했다. 성은 버려지고 부분적으로 철거되었지만 케르키라 공성전이 베네치아의 승리로 끝난 후 섬을 다시 점령하고 요새를 복구했다.

1769년 지역 그리스인의 독립운동을 제외하고는 1797년 베네치아 공화국이 몰락할 때까지 이 섬을 통치했다. 어떤 의미에서 이곳은 이탈리아 어느 지역보다도 이탈리아의 냄새와 맛을 지니고 있는 곳이다. 술라이만 술탄이 만든 수로를 포함하여 도시의 대부분은 1825년 지진으로 파괴되었다. 그후 유사한 지진피해를 방지하기 위해 도시를 나무로 재건했다고 한다. 1864년에 이 섬은 그리스의 품으로 돌아왔다. 현재 이 섬은 윈드서핑, 패러글라이딩, 다이빙, 초경량비행기의 수상비행, 승마 등을 위해 많은 사람들이 찾고 있다.

　그리스의 모든 곳처럼 이곳 역시 수많은 신화와 이야기의 고장이다. 섬의 동쪽 나드리 부두에서 헤엄쳐 건널 수 있는 스콜피오스(Skorpios) 섬은 지금은 다른 사람에게 팔렸지만, 당시 세계 최고의 부자인 오나시스(Onassis)의 별장이었다. 오나시스는 1963년에 이곳을 모든 종류의 나무와 이국적인 식물로 장식했다. 당대 유명 셀럽들의 명소였고, 그의 요트 크리스티나에서 열린 축제와 파티는 지금도 호사가들의 입에 오르내린다. 오나시스는 1975년부터 이곳에서 영원히 쉬고 있다. 그의 사후에도 이곳은 파파라치들의 유명한 장소였다. 미국 영부인 출신인 재클린 오나시스를 촬영하기 위해서였다. 이제 이같은 스캔들은 사라졌지만 매일 수십 척이 넘는 각국 요트들이 정박하는 유명지가 되었다. 언덕길에서 내려다보는 이곳의 풍경은 저절로 감탄이 나오게 한다.

　섬의 남단 레프카다 곶(Cape Lefkada)에 관련하여 많은 비극적인 이야기가 있다. 해발 60m 높이에 있는 현재의 등대 자리에서 고대에는 신을 달래기 위해 제물을 바쳤다고 한다. 외진 곳에 아폴론 신전 터가 있는 이유가 분명히 이해되는 순간이다. 바다로 튀어나와 우뚝 솟은 하얀 절벽은 보기만 해도 고대 신화의 영감을 떠올리게 한다. 고대의 자료와 오랫동안 전해 내려오는 지역 신화에 따르면, 이곳은 짝사랑과

거절, 이로 인해 여러 시대에 걸쳐 연인과 비극적 인물이 바다 깊은 곳으로 몸을 던진 곳이다.

비극적 이야기 중 가장 유명한 것은 여성의 삶과 사랑, 특히 다른 여성들에 대한 아름다운 시로 유명한 고대 서정시인이자 레스보스 섬 출신 사포(Sappho)에 관한 것이다. 전설에 따르면 사포는 레스보스 미틸레네의 신화 속 뱃사공인 파온과 사랑에 빠졌다. 그러나 파온은 그녀를 멀리했다고 한다. 사포는 그의 거절에 너무 화가 나서 바다에 몸을 던져 생을 마감했다고 한다. 그래서 현지에서는 절벽 이름을 사포가 뛰어내린 곳 'Sappho's Leap'으로 부른다. 레스보스 출신인 사포가 어떻게 이곳에서 자살했는지 작은 의문이 들었다. 사포는 여성 동성애의 시조로 알려져 왔다. 그래서 그녀의 출신지 이름을 따서 여성 동성애자를 레즈비언, 즉 레스보스 출신이라고 예로부터 불러왔다. 그러나 어떤 사람들은 사포가 레즈비언이 아니라고 한다. 혼자된 사포가 많은 구애자들의 사랑을 뿌리치자 고의로 동성애자라는 소문을 유포했다는 것이다.

사포가 자살했다는 흰색 절벽을 가리켜 레프카다(Lefkada)라고 부른다. 이 이름은 흰색을 뜻하는 그리스어(레프코스)에서 유래했다고 한다. 호메로스의 『오디세이』에서도 이곳을 '하얀 바위'를 의미하는 '레프코 페트리(Λευκή Πετρή)'로 언급했다.

　분명한 것은 이곳이 숨 막히는 자살의 이야기가 등장할 정도로 아름다운 곳이라는 것이다. 아름다운 풍경과 저절로 손을 담고픈 청록색과 녹색 바다 백사장과 고운 하얀 자갈이 있는 해변, 작은 만과 수직으로 깎인 절벽, 바다까지 뻗어 있는 소나무, 한 줄로 늘어선 수십 개의 돛대가 불어오는 바람의 리듬에 맞춰 흔들리는 모습은 내가 이곳을 좋아하는 이유이다. 다른 것은 아무것도 없다.

그리스 속의 영국
케르키라

테살로니키 개신교 교회의 담임인 구다스 목사는 나를 만날 때마다 "킴, 지금까지 그리스 섬 어디 어디를 보고 왔니? 그리고 케르키라 다녀왔니?"라고 물었다. "아니"라는 나의 답변에 "너는 아직 그리스를 제대로 알지 못한다"라는 이야기를 자주하곤 했다.

아테네 출신 구다스 목사가 그렇게 자랑하던 그리스 서부 최북단의 섬 케르키라(코르푸)를 아내와 함께 다녀왔다. 사실 케르키라는 유명한 산토리니 섬이나 같은 해역인 자킨토스 섬에 비해 알려지지 않은 섬이다. 그리스 서북부의 이오니아 해에 위치한 섬. 면적 610.9km^{2}로 이오니아 제도에서 게팔로니아 다음으로 큰 섬이다. 그리스에서 일곱 번째로 큰 섬이자 지중해에서 열세 번째로 큰 섬이기도 하다. 인구는 11만 명으로 이오니아 해의 섬 가운데서 가장 인구가 많으며 고대 그리스 시대와 15세기 이후 지중해 역사에서 중요한 역할을 한 곳이기도 하다. 케르키라 섬에서 가장 번화한 곳은 케르키라 타운(corfu town)이다. 국제공항이 있고 본토 이구메니차에서 시간별로 왕래하는 부두도 이곳에 있다.

케르키라 섬 사람들은 내륙의 그리스인들보다도 좀 더 친절한 사람들이었다. 점심시간을 지나서 도착했기에 겨울철 시내의 식당들은 대부분 문을 닫았다. 거리에 서서 샌드위치를 먹었는데 낯선 이방인에게 보여준 친절함은 오래 걸어서 아픈 다리의 통증마저 잊게 해주었다.

그리스어에는 미테라 폴리(μητέρα πόλη, 엄마의 도시)라는 단어가 있다. 해외에다 아들 도시인 해외 거류지를 두면 아무리 작은 도시국가라고 할지라도 그 도시는 엄마의 도시가 된다. 오늘날 미테라 폴리는 주변에 베드타운을 거느린 메트로폴리탄 시티(Metropolitan City)이다. 바로 미테라 폴리의 영어형이다.

기원전 730년경 당시 가장 작은 도시국가인 코린토스는 이곳에 아들 도시를 두면서 엄마의 도시로 태어난다. 코린토스 사람들은 원래부터 이 섬을 케르키라로 불렀다. 코린토스를 시작으로 에비아 섬에서도 많은 이주민들이 이 섬에 합류한다. 케르키라는 고대 그리스에서 가장 큰 함대를 소유한 폴리스 중 하나가 된다. 제2차 그리스-페르시아 전쟁에 참가하기도 한 이 섬은 펠로폰네소스 전쟁의 원인이 되며 역사적으로 유명해진다.

케르키라 요새로 올라가는 길

기원전 299년 이곳은 시칠리아 시라쿠사의 왕 아가토클레스에게 점령되었다. 아가토클레스는 자신의 딸 라나사의 결혼 지참금으로 섬을 사위인 에피로스 왕 피로스 1세에게 주었고, 기원전 255년에 그의 아들이자 에피로스의 마지막 왕인 알렉산드로스 2세가 죽자 케르키라는 다시 독립하였다. 그 후 기원전 229년, 북쪽의 일리리아(알바니아)인들과 그리스 연합군(케르키라, 아카이아 동맹)이 대결한 팍소스 해전에서 승리한 일리리아 왕국의 지배를 받았다. 그러나 일리리아인의 지배도 몇 년 가지 못하였고, 섬은 다시 로마의 지배를 받게 되어 해군 기지로 쓰이다가 마케도니아 전쟁 후로는 마케도니아 왕국의 속주에 포함되었다.

팍스 로마나(Pax Romana)를 누리던 케르키라는 동로마 제국 시대에는 에피로스 남부의 항구 도시 니코폴리스에 가려서 주목을 받지 못했다. 이후 노르만족의 침공으로 다시 역사에 등장한다. 동로마 제국이 쇠퇴하자 1197년부터 1207년까지 제노바 공국이 섬을 지배했다. 1207년부터는 그들을 격퇴한 베네치아 공화국이 이 섬을 지배한다. 여러 혼란을 거치면서 섬은 유럽 최초의 집시(인도 구자라트 출신의 유랑민) 정착지가 되었다. 그 후 프랑스의 앙주 가문 등 여러 지배를 받았다. 1386년, 베네치아 공화국의 영토가 되어 400여 년간 베네치아 만(아드리아 해)의 입구를 지키게 된다.

오스만 제국은 14~15세기에 걸쳐 동남부 유럽을 평정하였고 16세기부터는 중부 유럽과 지중해로 뻗어나가기 시작하였다. 오스만 제국은 프레베자 해전에서 베네치아를 격파한 후 아드리아 해 진출을 시도한다. 1537년에서 1573년에 세 번에 걸쳐 섬을 공격하였으나 모두 격퇴되었다. 케르키라 섬이 포함된 이오니아 제도는 오스만 제국의 지배를 받지 않은 유일한 그리스 영토이지만 베네치아 제국에 점령당했다.

프랑스 혁명 전쟁 와중인 1797년, 베네치아는 프랑스에게 멸망하였고 캄포포르미오 조약의 결과 케르키라를 비롯한 이오니아 제도는 프랑스령이 되었다. 1815년, 나폴레옹의 몰락과 파리 조약으로 이오니아 제도는 영국 보호령이 되었다. 그리고 이곳 케르키라(코르푸)가 영국 통치령의 중심이 되었다.

1824년 케르키라에는 첫 그리스 대학이 세워졌고, 1864년에 덴마크 크리스티안 9세의 차남 빌헬름이 그리스 왕국의 요르요스 1세로 즉위하면서 그 대관식 선물로서 이오니아 제도는 그리스의 영토가 되었다.

정체성과 복음

이곳에 기독교의 복음이 전파된 것은 사도 바울의 제자인 다소 출신의 야손과 이고니온의 주교이자 사도 안드레아의 제자인 소시파트로스에 의해서였다. 전승에 따르면 두 전도자는 그들에게 복음을 증거하다 투옥되어 당시 이교도였던 섬의 왕에 의해 순교했다고 한다. 두 순교자의 유해는 대성당에 보관되었다가 약 100개의 사원이 세워진 후 곳곳에 배치되었다. 베네치아는 섬 주민들을 정교회가 아닌 로마가톨릭으로 개종하기 위해 모든 방법을 동원했지만 주민 대다수는 정교회 교인으로 남았다. 오늘날에는 5%만이 가톨릭 신자이다. 대부분의 가톨릭 신자는 몰타에서 이곳으로 온 사람들이다.

종교를 제외하고는 음식과 문화, 그리고 건축은 베네치아의 영향을 많이 받았다. 그래서 이 섬의 건축물은 그리스의 다른 도시들과 전혀 다른 형태이다. 베네치아 표준으로 건축물을 지었기에 베네치아보다도 더 베네치아답다.

이탈리아어는 20세기 중반까지 섬 전체에서 널리 사용되었다. 주민들은 오늘날에도 여전히 사용되는 케르키라 방언으로 많은 베네치아 언어를 차용하고 있다. 그리고 이탈리아반도에서 온 많은 유대인들은 그리스어와 함께 히브리어, 이탈리아어가 혼합된 방언을 사용했다.

영국 통치 시대에는 베네치아적인 색채 위에 영국적인 그림을 완성했다. 영국과 프랑스의 영향은 도시 전체를 런던이나 파리의 어느 지역처럼 보이게 만들었다. 발칸 반도에서 가장 큰 광장인 스피아나다 광장과 신구 성채, 시청 등의 건물들이다.

엘리자베스 시씨 왕후를 위해 세워진 아킬레온 궁전

이러한 이야기 외에도 이곳이 가진 이야기는 너무도 많다. 영국 엘리자베스 여왕의 부군 필립공은 이곳에서 태어났다. 유년기를 이곳에서 보내고 그의 아버지가 망명하기까지 이 섬에서 살았다. 필립공 생전에 해마다 여름이 되면 영국 왕실의 요트가 그리스에 왔다는 뉴스를 종종 보았다.

뮤지컬과 영화로 유명한 시씨(Sissi)는 합스부르크 왕가 엘리자베스 황후의 별명이다. 오스트리아의 최고 미녀인 그녀는 프란츠 요제프 황제와 결혼한다. 시씨의 아들인 황태자 루돌프는 서른 살의 나이로 1889년 자살을 한다. 아들의 죽음 이후 그녀는 검은 옷만 입을 정도로 깊은 고통에 빠진다. 그녀는 힘들 때 이곳의 하얀 대리석 궁전인 아킬레온에서 평안을 찾았다고 한다. 황후는 1898년 제네바에서 살해당하기 전까지 아킬레온 궁전을 자주 방문했다. 그녀는 자기가 죽으면 이곳에 묻어 달라고 유언처럼 말을 했지만 그녀의 시신은 합스부르크 왕실 묘지에 묻혀 있다. 그녀의 소망은 아직까지 이루어지지 않았다. 그녀가 사랑했던 이 궁전은 그녀를 대신하여 많은 관광객들이 찾아오고 있다.

저녁놀이 깊어 갈 즈음 광장 맞은편 고성 위에 세워진 커다란 십자가의 불빛은 별빛과 함께 나에게로 쏟아져 왔다. 구다스 목사가 나를 볼 때마다 케르키라에 다녀왔느냐고 물은 그 의미를 이제는 알겠다.

2장

사도 바울의 길을 걷다

성경 속 그리스 이야기

바울이 환상 속에서 마케도니아 사람을 만난 곳
네아폴리스

튀르키예의 소아시아반도 북서쪽 끝자락에 위치하고, 에게해 연안에서 5km 정도 떨어진 내륙의 히살리크 언덕에 있는 트로이시(市)는 신화와 영화를 통해 '트로이의 목마'로 우리에게 많이 알려진 장소이다. 그러나 바울 사도 당시의 드로아(트로이) 항구는 스카만더 강에 토사가 쌓여서 내륙으로 밀려난 고대 트로이를 대신하여 5km 더 멀어진 곳에 열린 새로운 항구였다. 오늘날에는 작은 시골마을에 지나지 않기에 순례객이 그곳을 찾기도 힘든 장소가 되었다.

당시 이곳에서 떠나가는 배를 타고 사모트라케를 경유하여 만 하루 정도 뱃길을 달려가면 '새 동네'라고 이름 지어진 '네아 폴리스'(성경에서는 네압볼리)에 도착하게 된다. 바울 사도 당시의 이 도시 이름은 '네아폴리스' 즉 새(네아) 동네(폴리스), 신촌이었다. 네아폴리스 부두에서 손에 잡힐 듯 떠 있는 타소스 섬 주민들이 식민지 개척을 위해 내륙에 세운 도시라는 의미에서 새 동네라는 이름이 지어졌다고 한다. 기원전 7세기경 일이다.

그러다 바울 사도가 마케도니아 사람들의 환상을 본 후 이 땅에 도착한다. 바울 당시의 부두는 현재의 항구에서 조금 아래쪽으로 가면 자그마하게 터만 남아 있고, 오늘날 항구는 근래에 와서 만들어진 것이다.

이 도시는 9세기경부터 오스만 튀르크의 지배에 들어가기 전인 14세기까지 그리스도의 도시라는 뜻의 '크리스토폴리스'라고 불린다. 튀르키예인들이 이 도시를 접수한 후 말을 메는 곳, 또는 말등 위라는 의미를 가진 '카발라'라고 부른 것이 오늘까지 이어져 오고 있다.

십자군 시대에 지어진 아크로폴리스의 성벽이 말해주듯이 이 도시는 오랫동안 많은 침략과 전쟁의 상처를 가지고 있다. 하지만 주민들에게는 그런 아픈 상처보다는 자신들의 도시가 유럽에서 처음으로 복음이 전해진 도시라는 것에 커다란 자부심을 가지고 있다.

바울 사도는 그의 두 번째 선교여행에서 소아시아의 끝인 드로아를 반환점으로 삼고 그가 왔던 지역을 거슬러 돌아가고자 했을 때 그 유명한 마케도니아 사람의 환상을 보았다.(사도행전 16장 9~10절) 그러나 당시 소아시아와 마케도니아 사람들을 구별할 만한 아무런 근거가 없었다. 살고 있는 지역만 다를 뿐이지 의복도, 사람도, 언어도 동일한 문화권의 사람들인데 어떻게 사도 바울은 꿈속에 나타난 그 사람이 마케도니아 사람인 것을 알았을까?

2004년 그리스 아테네 올림픽이 열리기 직전에 카발라(네아폴리스)에 다녀오게 되었다. 그리스 정교회는 웬만해서는 교회나 성화에 손대지 않고 그대로 보존하는데, 바울 도착 기념교회에서는 도로변에 접한 외벽에 그려진 성화를 지우고 대신 벽화를 모자이크로 다시 만들고 있었다. 이곳을 찾는 모든 관광객의 순례 목적이 바로 이 그림일 만큼 이 벽화는 중요한 의미를 가진다.

모자이크 벽화의 개작 책임을 맡은 안토니라는 이탈리아 장인은 카발라시(市)의 자치 의회와 교회에서 주문한 대로 모자이크화를 다시 만드는 중이라고 했다. 놀라운 것은 그림의 내용이다. 바다 건너 드로아 성에서 환상을 보는 바울 사도와 네아폴리스에 도착하는 사도의 그림 사이에 바울을 초청한 주인공이 등장한다. 공사 전의 벽화에서 보았던 바울 사도의 얼굴과는 다른 얼굴로 그려져 있었고, 환상 속에서 바울을 불렀던 문제의 인물은 알렉산더 대왕이었다. 아버지 필리포스 2세와의 갈등으로, 죽을 때까지 수염을 기르지 않은 미동(美童)의 알렉산더 얼굴이었다. 모두가 아는 것처럼 그는 기원전의 인물인데!

누가 이렇게 성경을 해석할 수 있을까라는 나의 질문에 안

2004년 이전 바울 도착 기념교회에 그려져 있던 벽화 속 바울 사도

이전의 성화를 대신하여 새롭게 만들어진 모자이크 벽화.
가운데 서 있는 인물이 바울을 부른 마케도니아인이며 알렉산더 대왕의
모습으로 그려졌다.

토니는 자기 역시 같은 질문을 했고, 바울 도착 기념교회 정교회 신부가 답을 주었다고 한다. 바울 당시 당대의 인물은 아니었지만 회자되던 가장 유명한 마케도니아 사람은 알렉산더 대왕이었다. 바울 사도가 환상을 볼 당시 통용되던 동전에도, 웬만한 신전이나 궁전에도 용맹한 모습으로 전투에 임하는 왕의 얼굴 또는 전신의 벽화, 모자이크가 그려져 있었다.

환상 속에 나타나 바울 사도를 부른 인물이 알렉산더의 얼굴을 하고 나타났었기 때문에, 사도 바울은 마케도니아아인이 자기를 부른 것이라고 말을 할 수 있었다는 것이다. 그리고 이 사실은 그리스인 대부분이 인정하고 있기에 교리적으로든 역사적으로든 아무런 문제가 되지 않는다고 했단다.

그래서 오래전 이곳을 방문했던 사람들이 다시 찾았을 땐, 예전과는 전혀 다른 사도의 모습이 그려져 있다. 개작의 이유가 일리는 있지만 왜 그리스인들은 성경이 이름을 말하지 않은 마케도니아 사람을 알렉산더라고 규정했을까? 마케도니아 역사 속에서 가장 위대한 사람은 알렉산더 대왕이라는 데 자타가 인정하기에 조금은 공감이 가긴 하지만 쓸쓸함을 지울 수가 없다.

공해와 매연으로 흐려졌던 벽화를 대신하여 금빛 나는 모자이크화가 보기도 좋았고 의미도 있어 좋았지만 동시에 그리스는 신앙과 전설 그리고 역사와 신화가 혼합된 혼돈과 혼란의 장소라는 걸 다시금 느꼈다. 마치 아주 오래된 동전의 양면, 희미한 모습의 과거에서 현재의 가치를 찾으려는 시도 같기도 했다.

유럽 기독교화의 첫걸음
필리피

필리피(성경에서는 빌립보)는 네아폴리스(카발라)에서 16km 서쪽에 위치한 지역에 자리하고 있다. 로마 시대에 마차가 다니던 에그나티아 도로를 오늘날에는 자동차가 다닐 수 있도록 확장한 고개 길을 숨 가쁘게 올라서면 그리스 북부 트라키아 지방에서는 보기 드문 큰 벌판이 눈에 들어온다. 벌판 한쪽에는 작은 항공기들이 간간히 사용했을 버려진 공항이 채우고 있다. 북서쪽 자락의 산등성이에 반쯤 허물어진 망대가 오래전 필리피가 전략적 요충지였음을 보여준다. 필리피는 원래 크레니데스(샘들)라고 불리었다. 알렉산더 대왕의 부친 필리포스 2세가 마케도니아의 군비 마련을 위해 이곳에 은광을 개발했다. 이웃 암피폴리와 여러 도시에서 주민들을 강제 이주시켜 도시를 건설하고 자신의 이름을 따서 필리피라고 불리게 하였다.

기원전 42년 1월 1일 로마 원로원은 공화파에 의해 살해 당한 율리우스 시저를 신으로 선포하고 '신성한 율리우스(Divus Iulius)'라는 호칭을 수여했다. 시저의 양자 옥타비아누스는 자신이 '신의 아들(Divi filius)'임을 강조하고 마크 안토니우스의 도움으로 28개의 군단과 함께 그리스에 도착한다. 필리피에서 세력을 모으고 있던 브루투스와 카시우스의 군대가 기원전 42년 10월 필리피의 드라마 벌판에서 두 번의 전투를 치르고 난 후, 안토니우스와 옥타비아누스는 로마의 주인이 되고 패전한 브루투스와 카시우스는 자살을 한다. 훗날 로마의 제1시민이 된 옥타비아누스는 필리피를 로마인으로서 절대 사유 권리와 면세 권리, 그리고 로마와 동등한 권리를 누리는 로마의 직할 자치도시로 승격시켰다. 이 시기 도시의 이름은 조금 길지만 "COLONIA JULIA AUGUSTA PHILIPPENSIS"이다. 옥타비아누스는 자신에게 오랫동안 충성했던 가난한 퇴역 로마 군인들을 위해서 당시 땅이 부족한 로마 외에 이러한 거류지가 필요했다.

이러한 역사적 의미와 가치 외에도 필리피는 유럽에서 처음으로 바울 사도에 의해 그리스도를 영접하고 세례를 받은 세례 교인이 탄생한 곳이라는 중요한 의미를 가진다. 필리피는 바울에게 있어서 유럽 선교의 첫 열매인 것이다. 그가 말년 로마 감옥에서 보낸 편지를 통해 빌립보 교회에 대한 그의 믿음과 사랑이 얼마나 큰지를 알 수 있다. 바울이 이곳에 도착했을 당시에는 소아시아의 다른 도시들과 다르게 유대인 회당이 없었다. 유대인의 전승에 따라(바벨론에 포로로 끌려간 유대인들은 회당을 대신해 그발 강가에서 예배드렸다. 이 전통이 이어져 회당이 없는 도시에서는 안식일 강가에서 개인적인 예배를 드렸다.) 바울 역시 강가로 나갔고 그곳에서 기도하는 루디아를 비롯한 여인들을 전도했다. 이것을 기점으로 빌립보 교회가 세워진다. 바울 사도가 세례를 주었던 그 장소에는 1974년 그리스 정교회에서 기념교회와 강 옆에 세례(침례)터를 만들어 놓았다. 이 교회당의 가장 중요한 인물은 성경 속 네 개의 복음서 중 누가복음을 쓴 누가다.

교회의 가장 중심자리에 바울과 루디아 그리고 누가의 스

바울과 실라가 갇혔던 곳이라 전해지는 감옥터

테인드글라스가 자리 잡고 있다. 그리스 정교회에서는 빌립보 교회의 가장 중요한 인물이 누가라고 말한다. 사도 바울의 서신 속 "나와 함께 멍에를 같이 한 네게 구하노니…."(빌립보서 4장 3절)라는 언급을 미루어 보아 누가복음의 저자 누가의 영향력이 빌립보 교회에 크게 미쳤을 것이다.

그리스와 불가리아의 국경을 이루고 있는 프라크로 산에서 흘러내리는 '지각디스' 강은 필리피를 휘감아 흘러간다. 지금은 토사 등으로 작은 냇가에 불과하지만 한여름에도 누구나 발을 담그고 싶은 충동을 불러일으킬 만큼 제법 풍성한 수량이다. 필리피는 1910년부터 지금까지 계속해서 발굴을 해오고 있다. 많은 양의 유물은 테살로니키에 있는 비잔틴 박물관에 전시되어 있다. 2000여 년이 훨씬 넘는 이 도시의 주인공은 최초로 도시를 만든 필리포스 2세도, 콜로나스를 만들어 완전한 로마의 도시로 탈바꿈한 옥타비아누스도 아닌, 알지 못하는 신들을 섬긴다는 죄명으로 감옥에서 고난을 받았던 바울과 실라 그리고 이들의 이야기를 기록한 누가가 아닐까?

과거의 흔적을 부분적으로나마 복원하고 발굴하는 필리피 유적지에서 흩어진 조각그림을 맞추듯 사방에 널브러진 돌들과 땅속에서 찾아낸 유물들로 한 사람의 생애를 반추한다는 것이 어리석은 일인지도 모른다. 하지만 고대 필리피 지역 발굴터에는 잠시 머물다간 바울 사도의 흔적이 깊은 끌로 다듬은 판화 속 그림으로 곳곳에 스며 있다.

바울의 전도로 강가에서 기도하던 루디아 일행과 점치던 여종, 바울과 실라가 갇혔던 감옥을 지키던 옥지기가 회개하게 되고 결국은 교회가 세워지게 된다. 태동부터 심상치 않은 일들을 겪으면서, 깊은 밤 지하 옥중에서 부른 찬송의 영롱한 열매처럼 교회는 은혜 가운데 성장한다.

흔히들 바울의 사역을 자비량 사역(tent maker, 스스로 일해 생계를 꾸리며 사역하는 방식)이라고 말한다. 틀린 말은 아니지만 그는 제법 오랫동안 머문 코린토스와 에베소 사역을 제외한 나머지는 한 곳에 오래 머물지 못하고 본의에 의해서든 타의에 의해서든 쫓기듯이 새로운 사역지로 이동을 해야만

필리피 유적지

했다. 예나 지금이나 먼 여행에는 무엇보다도 먼저 돈이 필요했고 가장 먼저 소모되었다. 바울 역시 많은 사역비를 필요로 했을 터인데 그 여비들은 다 어디에서 생긴 것인가?

빌립보 교회는 바울 사도가 필요할 때마다 그리고 옥중에서 순교할 때까지 사역비와 위로를 잊지 않았다. 그래서 빌립보서는 감옥에서 쓴 옥중서신이기도 하지만 선교사의 눈으로 본다면 간절함이 묻어 있는 바울 사도의 선교편지이기도 하다. 빌립보 교회의 이러한 전통은 많은 시간이 지난 후에도 섬김의 정신으로 전승되었다. 안디옥의 유명한 감독이었던 이그나티우스가 로마로 죽음의 여행을 할 때 이곳 필리피에 들러 교우들의 뜨거운 사랑과 위로를 받았다.

이렇게 은혜로웠던 빌립보 교회와 지역은 사도 시대에는 로마 최고의 변방이었고 전략적 요충지였으나 콘스탄티누스 대제의 밀라노 칙령 이후에는 콘스탄티노플과 테살로니키를 이어주는 정거장 역할의 규모로 줄어들게 된다. 그리고 자주 발생하던 지진과 말라리아 모기로부터 유인되는 전염병까지 발생해서 이곳의 가치는 떨어졌다.

전략적 중요성도, 기능도 상실한 필리피 지역은 9세기에 들어서면서, 약 10km 떨어진 동쪽 산비탈에 '네아(new) 필리피'가 만들어지면서 버려지게 된다. 주민들은 새 동네로 집단 이주를 하였다. 그 뒤 약 1000년의 세월 동안, 사람들이 사라져버린 구 필리피는 도시의 폐허 위로 덮여 가던 흙먼지와 무심한 세월의 풍상만큼이나 사람들의 기억에서 잊힌 땅으로 남겨져 있었다.

오늘날, 설레는 가슴을 안고 수없이 찾아드는 성지 순례객들이 볼 수 있는 옛 필리피 지역의 원형극장 터와 마차가 다녔다는 에그나티아 도로와 넓은 시장터 등 복음의 향수 어린 유적들은 100여 년 전부터 발굴이 시작되어 다시 역사와 세상 앞으로 나온 것이다. 유적지에서 그 옛날 빌립보 교회의 아름다운 정신을 말해주는 가시적인 것을 직접 볼 수는 없지만 성경을 통해 바라보는 필리피는 우리에게 살아 움직이는 현장으로 다가온다.

바울이 거닐었던 시장터가 남아 있는 도시
테살로니키

제우스 신화가 살아 숨 쉬는 올림포스 산 너머로 해가 지면 그 잔 여울은 테살로니키 앞바다인 데르마이코 만(灣)에 붉게 투영되어, 온 바다와 하늘을 붉게 물들인다. 그럴 땐 여행객이 아니라 할지라도 보는 이들 모두가 가던 길을 잠시 멈춘다.

알렉산더 대왕의 아버지 필리포스 2세에게는 여러 부인이 있었다. 그중 한 부인이 딸을 낳은 날 마케도니아의 군대는 그리스 중부 테살리아인과의 전투에서 큰 승리를 거둔다. 그날 테살리아를 이긴 것을 기념하여 그 아이 이름을 테살리아와의 싸움에서 이겼다는 뜻의 테살로니키라고 지었다. 훗날 이 아이는 알렉산더의 헤타이로이(알렉산더와 어린 시절부터 함께해 온 동료들)였던 카산드로스(Cassander) 장군에게 시집을 가고 동방 원정에 동행했던 카산드로스는 알렉산더 사후 마케도니아에 섭정으로 있던 아버지 안티고누스와 함께 안티고누스 왕조를 세운다. 그리고 왕조를 설립할 때 많은 반대파를 제거하면서 피 냄새로 가득한 마케도니아 왕국의 수도 '펠라'를 대신할 새로운 수도를 만든다. 그리고 그 도시 이름을 자신의 이름이 아닌 아내의 이름을 따라 '테살로니키'라고 부르게 하였다. 그 후 로마의 실권자로 등극한 옥타비아누스에 의해 세금이 감면된 자유도시, 일급도시로 선포되었다. 상업에 뛰어난 유대인들은 세금이 감면된 이 도시에 몰려들었다. 테살로니키는 동로마 제국의 수도인 콘스탄티노폴리스(현재의 이스탄불)에 이어 제국의 문화·경제적 수도로 인정받으며 천 년 동안 부귀와 번영을 누렸다. 마케도니아 지방의 중심도시로서 오늘날도 그리스의 수도 아테네에 이어 상주인구 110만 명이 넘게 살고 있는 국제도시이다. 부와 명예를 소유한 테살로니키는 오랫동안 에게해의 진주로 자리를 잡아왔다.

아름다운 도시와 슬픈 역사

'테살로니키(Θεσσαλονίκη)'는 북 그리스의 중심 도시이다. 이 도시의 고유한 이름보다도 이곳 사람들이 더 좋아하는 별명이 있다. 테살로니키가 동로마제국 시대에 수도 콘스탄티노폴리스에 이어 두 번째로 크고 중요한 상업적 도시였기 때문에 얻었던 '제국 공동 수도(Συμβασιλεύουσα, 심바실레부사)'

테살로니키의 상징 화이트타워

라는 별명이다. 현재도 많은 사람들은 테살로니키가 아닌 이 별명으로 부르곤 한다. 사실 테살로니키는 동로마제국 시대부터 제국의 상업적 수도의 역할을 해왔기 때문에 적들은 콘스탄티노폴리스를 함락하지 못했을 때, 방어가 허술한 테살로니키를 대신 공략했다. 자연스럽게 이 도시는 제국의 수도보다 많은 고난을 당하게 된다.

3세기경에는 고트족의 계속된 침입을 굳건히 막아낸다. 로마제국의 삼분의 일을 차지한 갈레리우스는 이곳에 그의 황궁과 그가 사산조 페르시아를 이긴 것을 기리는 개선문을 만들었다. 사후를 대비하여 무덤을 만들었지만 그의 바람대로 무덤은 되지 못하고 교회로 사용된다. 나중에 튀르키예인에 의하여 이슬람사원으로 사용된다. 이때 테살로니키의 수호 성인이 된 성 디미트리우스가 순교를 당한다. 324년에는 콘스탄티누스 황제가 마지막으로 리키니우스와 결전을 벌이기 위해 군사력을 집결시킨 곳이다.

6세기와 7세기에는 여러 차례 이민족의 공격을 받았다. 앞서 말했듯이 비잔틴 제국의 힘이 약해질 때 불가리아인, 노르만족, 베네치아와 라틴인들이 이 도시를 침략해 왔다. 904년 사라센족의 침입에 의해 약 22,000명의 주민이 노예로 팔려갔다. 그 뒤 오스만 튀르크에게 끝없는 침략을 당하다 1423년 이 도시를 탐내던 베네치아 공국이 짧은 시간 다스리게 된다. 그러나 1430년에 오스만의 술탄 무라드 2세에게 점령되어, 500여 년 동안 오스만 제국의 지배를 받는다.

1492년에 스페인의 영토수복전쟁으로 쫓겨난 약 20,000명의 유대인들이 테살로니키에 정착하게 되었다. 이들보다 먼저 이곳에 온 바바리아 지역의 유대인들과 합세하여 16세기 테살로니키는 가장 중요한 유대인 거주지가 된다.

1821년에 그리스의 독립전쟁이 발발하자 테살로니키에서도 독립전쟁에 참여하지만 크레테와 동일하게 무자비한 피의 탄압을 받게 된다. 1912년 발칸 전쟁이 일어나자 그리스가 다시 차지하면서 1913년에 부쿠레슈티 조약에 따라 그리스의 영토가 되었다. 1923년부터 튀르키예의 소아시아 지역에서 피난 온 그리스계 주민들이 모여 살기 시작하면서 오늘의 슬픔을 대신한 아름다운 테살로니키로 태어난다.

바울 사도의 테살로니키 서신들

기독교인들은 이런 역사적인 사실보다도 사도 바울이 2차 전도여행 중 많은 활동을 하고, 코린토스에서 데살로니가 전서와 후서를 기록하여 보낸 곳이라는 점에서 이곳을 더 가깝게 느낀다. 바울은 유대인들과 이곳에 살고 있던 헬라인들에게 복음을 전했고 교회를 세웠다. 사도 바울이 이 도시에서 예수 그리스도를 증거했을 때 많은 유대인들이 예수를 믿게 되었다. 이를 시기한 유대인들이 시장 거리에서 불량배들을 모아 소동을 일으켰다. 이 소란으로 사도 바울을 도왔던 야

테살로니키의 아고라(시장) 유적지

손 일가가 구금되고 바울은 에그나티아 도로를 이용해 이웃 산간도시 베뢰아로 피신을 하게 되었다. 테살로니키는 영예롭지 못한 이 사건의 무대이기도 하다.

당시 유적의 대부분은 안타깝게도 전쟁과 화재, 지진 등으로 인하여 역사 속으로 사라졌다. 오랫동안 복원과 발굴 등으로 일반인의 출입을 통제하였던, 사도 바울의 고난의 흔적이 서려 있는 옛날 로마시대의 시장터는 새롭게 생활박물관으로 단장하고 이곳 성지를 찾는 이들을 맞이하고 있다. 많은 발걸음으로 분주했을 저잣거리에 들어서면 한 영혼을 위하여 외치는 사도 바울의 외침과 그를 모함하여 소란케 하였던 무리들의 음성이 들려오는 듯하다.

시장터에는 사도 바울 시대의 생활을 살펴볼 수 있는 당시 생활 양식을 전시해 놓아서 2000년이라는 시간을 초월하여 당시의 테살로니키를 만날 수 있다. 그리고 오래전부터 이곳에서 발굴되었던 많은 유물들은 테살로니키 고고학박물관에 대부분 전시되고 있다.

신사적인 사람들의 도시
베뢰아

테살로니키에서 에그나티아 도로를 타고 69km를 달려
가면 올림포스 산까지 이어지는 페르미온 산맥에서 베뢰아
를 만날 수 있다. 봄에 사역을 갈 때마다 이 길은 내게 행복
을 선사했다. 산 중턱 높은 지대에 자리 잡은 베뢰아에서 아
래로 펼쳐지는 넓은 벌판에는 복숭아와 자두 그리고 사과밭
이 끝없이 이어진다. 차로 두 시간 이상 달려가도 계속해서
펼쳐지는 꽃들의 향연은 말로 표현 못 할 아름다움을 안겨준
다. 내 기억 속의 베뢰아는 봄의 복사꽃이 만발하는 아름다
운 도시이다. 오늘의 베뢰아로 가는 길은 이렇게 아름답다.
그러나 옛날 유대인의 시기와 질투로 인해 야밤에 도주의 길
을 걸어간 바울의 마음은 내가 느끼는 낭만과 거리가 멀었을
것이다.

유대인들은 시기하여 저자의 어떤 괴악한 사람들을 데리고 떼를 지어 성을 소동케 하여 야손의 집에 달려들어 저희를 백성에게 끌어내려고 찾았으나.(사도행전 17장 5절)

쉽게 이야기해서 바울과 실라가 짧은 시간 테살로니키에 머물면서 전도했을 때 유대인뿐 아니라 그리스의 귀부인들을 포함한 많은 사람들이 바울이 전한 복음을 영접했다. 이를 시기한 유대인들은 그들의 힘으로는 어찌 할 수 없음을 알고 시장터의 조직 폭력배들을 동원하여 소요사태를 만들었다. 이런 일들이 가능한 것은 당시 테살로니키는 로마인들의 도시가 아니었기에 총독이나 총독보가 다스리지 않았고 특별히 로마의 군대도 많지 않았기 때문이다. 식민도시의 특징인 다수의 읍장들의 집단체제 아래서 로마 시민권자인 바울은 아무런 보호를 받지 못했다.

끝없는 이민족의 침략을 견뎌 온 도시

그리스 신화에서 시작된 베뢰아라는 이름은 마케도니아의 장군 페로나의 이름을 이어받은 그의 딸 베리타 여왕에 의해 지어졌다고 한다. 기원전 9세기경 이웃 트라키 지역에서 이주해 온 사람들이 거주하면서 시작했다. 그러다 기원전 5세기경부터 도시가 형성되기 시작되었다. 알렉산더의 아버지

바울 기념 강단

필리포스 2세는 당시 마케도니아의 수도 펠라가 아닌 이 지역 베르기나에 관심을 가지면서 자연히 가까운 베뢰아는 부흥의 기간을 맞는다.

알렉산더가(家)를 대신하여 마케도니아 왕조를 이은 안티고니스 시대에는 최고의 전성기를 맞이한다. 그 이후 기원전 168년, 전쟁사에 유명한 로마와 마케도니아 왕조의 피드나 전투 이후 로마에 항복한 최초의 도시라는 타이틀도 가지고 있다. 한동안 부흥하던 이 도시는 슬라브족의 계속된 침입과 904년 동로마 제국과 대립관계에 있던 제1차 불가리아 제국의 시메온 1세에게 한동안 점령되기도 했다. 그러다 1454년 동로마 제국의 멸망보다 빠른 1434년에 이 도시는 오스만 튀르크 제국에 완전 점령당해 1912년 해방되기 전까지 외세에 시달려야 했다.

미소를 잃지 않은 신사적인 사람들

그 옛날 에그나티아 도로가 끝나는 조금 높은 곳에 바울의 설교 강단 비마가 있다. 비마 옆에는 작은 초등학교와 이슬람 사원이 서 있다. 이곳을 찾는 순례객들을 잠시 혼란스럽게 하는 장면이 아닐 수 없다. 왜 바울의 강단 옆에 교회도 아닌 이슬람 모스크가 서 있는 것인지. 원래 이 마드라사(madrassah) 모스크는 교회였다. 15세기에 튀르키예인들이 교회를 모스크로 사용했다. 19세기 중반 다시 리모델링하여 오늘날 그리스에서 몇 되지 않는 이슬람 사원으로 바울 성지 옆에서 이슬람의 예배가 드려지고 있다.

마드라사 모스크는 이 도시가 예로부터 이방인들로 받은 많은 침략의 잔재를 보여주는 상징물이다. 그럼에도 베뢰아 사람들은 성경 속에 나오는 '베뢰아 사람들은 신사적'이라는 이 말을 지금도 지키려고 노력하고 있다. 사실 성경에서 말하는 신사적인 사람들은 이곳에 살던 유대인들을 말하기에, 이들과는 아무런 관계가 없는데도 말이다. 그럼에도 관광객들이 용무가 급해서 아무 가게에 들어가 화장실을 사용하려 하면 대부분 허락하고 작은 미소로 답해준다.

베뢰아는 유대인 거주 지역과 이슬람에게 혹독하게 핍박을 받았던 기독교인 지역 그리고 번화가 중심도로를 건너 거주했던 튀르키예인들의 지역으로 나눠져 있었다. 이제는 허물어져 가던 건물들을 구입하여 보수해서 사용하기에 거주민의 구분은 없어졌다.

사도 바울과 관련된 유대인 거주 지역에는 기원전 50년경에 세웠다는 유대인 회당(시나고그)이 있다. 이 회당은 오스만 왕조의 마지막 술탄이었던 메흐메드 6세가 많은 돈을 헌금하여 오늘날 모습으로 리모델링했다고 한다.

이곳에는 바울 시대에도 많은 유대인들이 있었지만, 이베리아 반도에서 1492년 나스르 왕조를 멸망시키며 영토회복을 이룬 이사벨 여왕은 무슬림뿐 아니라 많은 유대인들을 이베리아 반도에서 추방한다. 이때 추방된 많은 수의 유대인들이 테살로니키와 이곳 유대인 거주 지역에 몰려왔다. 2차대전 시 히틀러와 나치는 이곳의 유대인들을 대부분 폴란드의 수용소로 보내 살해한다. 두 가정만 이스라엘로 영구 귀국하여 살아 남았다고 한다.

이곳 유대인 회당의 전체 업무를 맡고 있는 코엔 양은 부모님이 이스라엘로 귀국하여 혼자 남아 있다. 이곳은 가장 오래된 회당이기에 대부분 이스라엘에서 순례를 온다. 순례객을 안내하는 업무를 코엔이 맡고 있는 것이다. 유대인이 아닌 한국인이 순례를 하려면 코엔과 연결이 되어야 가능하다.

회당 안에는 별다른 장식도 가구도 없다. 예루살렘을 향한 강단이 있고, 사방 벽에는 예루살렘을 사모하는 성구들이 붙어 있다. 남자와 여자의 모임장소와 통로가 따로 만들어져 있다는 것이 특별하다.

이곳의 애잔한 역사를 이해하면 가슴 한쪽에서 잔인한 인간의 심성들이 생각나 마음이 아프다. 사람을 외모와 그들의 편협한 생각으로 대하지 않고 먼저 진위를 생각했던 신사적인 베뢰아의 사람들. 이 정신을 끝까지 지키려고 노력하는 주민들의 의식이 살아 있는 한 이 도시는 영원히 신사적인 사람들의 도시일 것이다.

베뢰아 사람은 데살로니가에 있는 사람보다 더 신사적이어서 간절한 마음으로 말씀을 받고 이것이 그러한가 하여 날마다 성경을 상고하므로(사도행전 17장 11절)

바울이 베뢰아에서 배를 타고 떠난 항구 디온

테살로니키의 유대인들은 베뢰아로 피신한 바울 일행이 그곳에서도 많은 영향력을 끼친다는 소식을 접하고 바울을 쫓아왔다. 테살로니키에서 행한 것처럼 불량배를 불러서 베뢰아를 혼란스럽게 하자, 베뢰아의 유대인들은 실라와 디모데는 남겨놓은 채 바울을 아테네로 갈 배를 탈 수 있는 항구로 인도했다. 그럼 바울이 아테네로 가기 위해서 배를 탄 항구는 어느 곳인가? 베뢰아는 바다에서 40km 떨어진 내륙의 도시이다. 베뢰아에는 산에서 흘러내리는 트리포타모스라는 작은 강이 지금도 흐르고 있다. 그럼에도 성경은 "바다까지 가게 하되"라고 기록하고 있다.

성경에 기록되지 않아 알려지지 않은 도시 디온

바울 사도 당시의 디온은 필리피에 조금도 뒤처지지 않는 로마의 직할 도시였다. 성경에 기록하지 않았기에 나도 자신 있게 말을 하지는 못한다. 그러나 디온이 가진 지역적인 위치와 당시의 모든 정황은 분명히 바울이 디온에서 배를 타고 아테네로 갔다고 말하고 있다.

당시 에그나티아 도로는 일루리곤에서 콘스탄티노플까지 이어지는 도로로, 베뢰아 시내를 가로질러 북쪽으로 휘어져 올라간다. 에그나티아 도로와 가까운 도시들은 지선으로 연결시켰다. 그중 하나가 디온에서 비아 에그나티아까지 이어지는 도로이다.

디온에서 동서 화합을 추구했던 마케도니아 왕국의 헬레니즘 양식을 찾을 수 있다. 많은 학자들은 알렉산더를 헬레니즘의 시조라고 생각한다. 알렉산더에게 이러한 영향을 미친 것은 그의 부모이다. 알렉산더 대왕의 아버지 필리포스 2세는 필리피를 건설하고 이집트 암몬신을 위한 신전을 만들었다. 왜 마케도니아가 이집트의 주신인 암몬 신전을 만들었는지 모르겠다. 그를 야민인이라고 무시하던 다른 도시국가들을 제압하기 위한 의도일까? 이 신전은 바실리카A라고 불리는 교회가 되었다. 그리고 알렉산더의 어머니 올림피아 왕후는 신기(神氣)가 많은 여인이었다. 그녀가 섬긴 신은 제우스 암몬신이다.

제우스는 그리스의 주신이고 암몬은 이집트의 주신이다. 올림피아는 어린 아들 알렉산더에게 자신의 생각을 주입시킨다. 올림피아 왕비는 제우스의 주 무기인 벼락이 자기 뱃속에 들어오는 꿈을 꾸고 아들을 낳았다. 그래서 자신의 아들은 남편의 아들이 아닌 제우스의 아들이라고 확신하였다. 제우스에 관한 이야기를 어린 아들에게 자주 말하는 것이 필리포스 2세는 못마땅했다. 필리포스 2세는 아이가 친구들과 어울릴 나이에 또래 아이들을 모아서 베뢰아에서 멀지 않은 미아자에 학교를 세우고 이 또래 아이들을 교육시킨다. 이 아이들이 알렉산더와 프톨레마이오스, 헤파이스티온, 카산드로스 등 헬레니즘 제국을 세운 사람들이다. 아이들이 13세가 될 때에 아테네에서 도편 추방을 당한 아리스토텔레스를 이 학교의 선생으로 부르면서 학교의 이름은 아리스토텔레스 아카데미아로 알려지게 된다.

올림포스 산 아래 첫 번째 도시가 디온이다. 디온은 '제우스의 집'이라는 뜻이다. 이곳에 올림포스 신족의 왕 데오스(영어로는 제우스)의 보좌가 있다고 신화는 말한다.

마케도니아 왕국은 수도 펠라를 중심으로 베뢰아, 베르기나, 디온으로 이어지는 도로를 에그나티아 도로 이전부터 사용했다.

기원전 5세기 말 마케도니아인들의 눈에 올림포스 산은 그리스 신화의 고향답게 신기가 서려 있었다. 시퍼런 산의 정기에 누구나 한번 보면 신들의 이야기가 떠오른다. 이곳에 신들의 왕인 제우스의 신전이 자리 잡은 것은 이러한 이유일 것이다. 매년 9월에 제우스에게 제사를 드렸다. 알렉산더 대왕도 제사를 드렸다. 그리고 봄에는 마케도니아 군대의 승리를 위한 9일간의 제전이 벌어졌다.

특히 기원전 334년 알렉산더는 페르시아의 다리우스 3세와 전쟁을 시작하기 전 제우스 신전에서 장엄한 제사를 드리고 출사표를 던진다. 많은 학자들은 알렉산더의 이러한 행동이 어려서부터 주입된 어머니 올림피아의 영향이라고 이야기한다.

디온은 기원전 169년 로마에게 함락되었고, 옥타비안이 필리피와 동시대에 콜로나스 줄리아 아구스타 디엔시스라는 긴 이름을 가진 로마의 해외 거주지로 만든다. 바울 당시에는 이 지역에서 가장 활동적이고 경제적인 도시로 발전한다. 최전성기는 알렉산더를 롤모델로 생각했던 로마의 황제들 시대이다. 트라얀, 히드리안, 마르쿠스 아우렐리우스 등이다. 그 뒤 지진과 바다와 강이 많은 지역의 특성상 홍수가 범람하여 역사 속으로 숨었다가 1806년 고고학의 성과로 오늘의 디온이 다시 등장하게 되었다.

도시의 중심에는 로마인의 도시답게 직가(直街, main road)가 있고 좌우로 목욕장, 음악당, 극장, 교회, 그리고 화려한 모자이크가 수놓인 대저택들의 유적이 있다. 결론적으로 디온은 제우스의 집이라는 이름에 걸맞은 신화와 역사를 가지고 있다. 그러나 바울에 대한 기록은 없다. 하지만 로마 시민권자인 바울은 그가 보호를 받을 수 있는 로마군대와 물류의 이동지인 로마의 직할도시를 분명히 사용했을 것이라 충분히 상상할 수 있다.

작고 소박한 항구에서 발견한 바울의 흔적
메토니

성지 베뢰아는 산간 지역이기에 계곡과 언덕이 이어져 있어 외부로 나가려면 반드시 평야와 바다로 내려가야 했다. 사도 바울은 베뢰아에서 복음을 전하던 중, 테살로니키에서 쫓아온 유대인들로 인해 다시 쫓겨날 수밖에 없었다. 테살로니키의 유대인들은 사도 바울이 베뢰아에서도 많은 유대인들에게 복음을 전한다는 소리를 듣고 분노했다. 그리고 성경적 표현대로 패악한 사람들을 베뢰아로 보내어 바울 사도를 쫓아내려 했다. 이 소식을 들은 신사적이었던 베뢰아 형제들은 그 밤에 사도 바울을 홀로 바닷가로 피신시켰다. 성경은 그 장면을 이렇게 말한다.

형제들이 곧 바울을 내보내어 바다까지 가게 하되, 실라와 디모데는 아직 거기 머물더라.(사도행전 17장 14절)

짧은 기록이지만, 행간에는 긴박감이 흐른다. 어두운 밤길, 급히 챙겨 떠나는 바울, 남아서 공동체를 지켜야 했던 실라와 디모데, 그리고 그들과 작별하며 눈시울이 붉어졌을 형제들의 모습. 베뢰아 사람들은 바울을 홀로 떠나보내야 했지만, 그 순간이 훗날 교회 역사의 한 장면이 될 것이라곤 상상하지 못했을 것이다.

나는 앞의 글에서 바울이 베뢰아에서 배를 타고 떠난 항구가 '디온'이라고 말한 바 있다. 그러나 사도 바울이 아테네에 가기 위해서 배를 타고 간 곳이 다른 곳이라고, 지역 역사학자들과 여러 그리스 사학자들이 동일하게 주장하는 장소가 있다. 바로 메토니(Methoni)이다.

약 4년 전에 영국의 최 목사님으로부터 연락이 왔다. 국내 기독교 방송국과 〈바울로부터〉라는 프로그램을 제작하려고 하는데 그리스 촬영의 코디네이터가 되어 도와달라는 연락이었다. 최 목사님은 내가 존경하는 분이기도 하고 CGN은 창사 설립 15주년 특집으로 우리의 이야기를 제작 방송하기도 했던 터라 이 작업에 참여하게 되었다.

1차 방송 촬영은 메인 출연자였던 차인표 배우의 촬영이 있기 1년 전부터 시작되었다. 베뢰아 바울의 강단에서 한참 촬영을 하고 있을 때, 이 작업을 처음부터 관심 있게 주변에서 바라보던 중년 부인이 말했다. 자신을 고등학교에서 역사를 가르치는 교사라고 소개를 하고는 우리 팀에 여러 가지를 질문했다.

사도 바울의 이야기와 관련된 프로그램 촬영을 하는 것임을 알고서는 나에게 말했다. "그럼 메토니도 촬영해야 하겠네요?"라고 말이다. 지금은 이름도 기억이 나질 않는 역사 선생님이 나의 휴대전화에 찍어준 GPS를 따라서 메토니로 향했다. 사실 메토니는 디온보다도 베뢰아에서 훨씬 가까운 곳이었다.

작은 어촌에 서린 바울의 흔적

메토니에 들어서자 언덕 위에는 바울을 기념하는 비마(강단)가 서 있었고, 바닷가에는 알렉산더 대왕의 아버지 필리포스 2세의 동상이 자리하고 있었다. 현지인들에 따르면, 이곳은 이미 고대 마케도니아 해군의 거점 항구로 사용되었던 곳이다. 필리포스 2세는 왕위에 오른 직후 아테네와 연합한 해안 도시들을 제압하기 위해 메토니와 피드나를 공격했다가 전투 중 투석기에 맞아 오른쪽 눈을 잃었다고 한다. 한쪽 눈을 가린 애꾸눈 필리포스 2세의 작은 동상 하나가 그 사실을 증언하듯 서 있었다.

마을 자체는 너무도 평범했다. 낡은 배와 물새들이 바닷가를 맴돌고, 어부들은 그물을 손질하며 담소를 나누었다. 관광객의 발길도 드물어 마치 시간이 멈춘 듯한 곳이었다. 그러나 그 평범한 풍경이 오히려 성경 속 장면과 겹쳐졌다. 바울이 이곳에서 아테네로 향하는 배에 올랐다는 사실만으로 메토니의 고요한 바다는 다르게 다가왔다.

그러나 작은 동상 외에는 어느 그리스 작은 어촌 분위기와 조금도 다름이 없었다. 너무도 평범한 분위기에 제작 책임자인 정 감독은 처음에는 "별로 사용할 것이 없겠는데요!"라고 말했지만 현지 학자들의 주장, 그리고 직접 발로 확인한 풍경의 아우라가 우리를 설득했다. 정황상 모든 것이 디온이 아니라 이곳 메토니가 바울 사도가 배를 타고 떠난 곳이라고 말해주고 있었다. 우리 모두는 이곳이 바로 바울의 항구임을 확신했다. 그 순간, 평범한 어촌 풍경이 역사의 현장으로 겹쳐졌다.

그래서 다음 촬영지로 결정했던 디온은 촬영하지 않고 이곳 메토니에서의 작업으로 그날 일정을 마쳤다. 이후 방영된 〈바울로부터〉 6편에 등장하는 메토니를 보니 내 자신이 당시 사도 바울과 동행한 것 같은 환영과 감동이 밀려왔다.

하지만 사도 바울이 배를 타고 떠난 곳이라는 것 외에는 메토니에 대해서 내가 아는 다른 정보는 없었다. 가끔 그곳을 들를 때마다 호수와 같은 바다에는 플라밍고 무리와 펠리컨들이 그물을 손질하는 어부들의 배 주변을 유영하고 있었다. 정말 평온하고 한적한 풍경이었다. 그 아래에 들끓는 세계사를 품고서도 시침을 뚝 떼고 선 개구장이처럼.

메토니, 피드나의 그림자

오늘의 메토니는 587명이 살고 있는 작은 마을이다. 메토니는 가까운 피드나(Pydna)와 아기아니스(Agiannis) 마을 외에도 두 개의 마을이 포함된 피드나 자치 지역에 속해 있다. 다섯 개의 마을 전체 인구는 2,663명이다. 하나의 자치구이지만 작은 마을들이기에 여기에 속한 메토니는 너무도 작고 평범한 곳이다.

상주인구는 작지만 사도 바울이 이곳에서 배를 타고 갔다는 이 사실 하나만으로 마을에 대한 주민들의 마음에는 긍지와 자부심이 가득했다. 메토니에서는 2018년부터 여름마다 바울을 기념하는 음악회를 열고 있다. 마을 뒤편 작은 광장에 무대가 마련되고, 현악기와 피아노 소리가 어둑해지는 바닷가에 울려 퍼진다. 사람들은 와인과 치즈를 나누며 음악을 듣고, 밤이 깊어지면 바다 위에 별빛이 번져간다. 바울의 이름은 그렇게 지금도 마을의 축제를 이끌고 있다.

메토니에서 남쪽으로 조금 달리면 피드나 유적이 나타난다. 잡풀 사이로 드러난 돌무더기는 초라해 보이지만, 한때 이곳은 마케도니아 왕국의 중심이었다. 이 도시는 필리포스 2세의 시대에 크게 번영했고, 알렉산더 대왕 시절에는 절정을 누렸다. 그러나 동시에 피드나는 왕가의 비극이 서린 장소이기도 했다.

피드나 유적지

올림피아는 역사 속에서 '가장 야심 많았던 여인'으로 기록된다. 필리포스 2세의 암살에 연루되었다는 의혹을 받았고, 아들이 죽은 뒤에도 권력의 끈을 놓지 않았다. 그녀의 끝없는 야망은 결국 카산드로스와의 내전에 휘말리게 했고, 마침내 피드나에서 돌에 맞아 죽음을 맞이했다. 알렉산더 대왕의 혈통은 이곳에서 끊겼다.

피드나 전투와 팍스 로마나

지중해를 안마당의 호수로 삼은 팍스 로마나(Pax Romana)의 전성기는 로마제국과 가까운 그리스의 네 번에 걸친 전쟁의 결과였다. 결정적인 전투는 기원전 168년 6월 22일 피드나(메토니)에서 벌어진 전투였다. 피드나 전투는 헬레니즘 시대를 지탱해 온 마케도니아의 가장 완벽한 전술인 팔랑크스(φάλαγξ, 장창 밀집 보병전술)의 종말을 고한 전투다.

메토니로 가는 길은 현재의 고속도로로 달려도 몇 개의 언덕을 오르락내리락 하는 구간이다. 이 구릉지대에 로마군의 두 배가 넘는 마케도니아 군대는 자신감에 넘쳐 있었다. 군대의 수적 우위뿐 아니라 천하무적 팔랑크스의 긴 창을 가진 그들은 조금의 두려움도 없었다. 그래서 피드나 주민뿐 아니라 모든 마케도니아 사람들은 평안함 가운데 승리의 소식을 기다리고 있었다. 그러나 그들에게 들려온 소식은 마케도니아가 전멸에 가까운 패배를 당했다는 것이었다.

로마의 장군 루키우스 파울루스(Lucius Paullus)는 페르세우스(Perseus)가 이끄는 마케도니아 군대에 대승을 했다. 역사학자들은 만약 이 전투가 평지가 많은 카테리니에서 벌어졌다면 로마군이 패했을 것이라고 한다. 그러나 전투지인 피드나는 높고 낮은 구릉 지대였다. 로마 진영까지 마케도니아의 군대가 먼저 진격해 왔고 수백 명의 병사가 창을 들고 밀집하여 움직였다. 이 대형은 평탄한 지형에서는 막강했지만 기동성이 떨어지고, 진영이 깨지면 취약했다.

강력한 밀집대형에 균열이 생길 때 로마 장군 파울루스는 로마군에게 급하게 명령을 내렸다. 소규모 군대로 편성된

부대에 유연하게 각개 격파를 명령했다. 마케도니아 군대는 긴 창을 잡은 채 속수무책으로 당해야 했다.

그렇게 제3차 마케도니아 전쟁인 피드나 전투가 마무리됐다. 피드나 전투에서는 팔랑크스 전술이 종말을 고했다. 이는 마케도니아를 대신하여 로마가 이 지역의 주인이 된 것을 의미한다. 마케도니아의 안티고누스 왕조는 종말을 맞이하고, 로마는 네 개의 자치구로 이 지역을 개편했다. 기원전 148년, 다시 마케도니아에서 반란이 일어나자 이 자치령마저도 폐지하고 로마는 마케도니아를 공식적으로 로마의 완전속주로 개편시켰다. 그리고 마케도니아에서 일어날지도 모를 반란을 진압하기 위하여 새로운 군대의 도시가 필요했던 로마는 얼마 떨어지지 않은 고대도시 디온을 더욱 강력한 성벽으로 구축한 군사의 도시로 재건축했다.

오늘의 메토니는 평범하다. 그러나 그 평범함이 바울의 발걸음과 겹쳐지며 특별해졌다. 작은 마을, 소박한 항구, 그 속에서 세계사의 한 장면이 쓰였다. 여행을 하다 보면, 거대한 유적이나 유명한 도시보다 오히려 이름 없는 마을에서 더 깊은 울림을 받을 때가 있다. 메토니가 그랬다. 겉으로는 아무것도 특별할 것 없는 항구였지만, 그 고요 속에 바울의 흔적이 살아 있었다.

나는 그곳에서 깨달았다. 역사는 늘 웅장한 무대에서만 쓰이는 것이 아니다. 때로는 작은 항구, 이름 없는 마을, 소박한 어부의 삶 속에서 세계사의 물줄기가 바뀐다. 그리고 그 자리에 서 있는 우리는 잠시나마 그 역사의 한가운데 서 있는 듯한 감각을 맛본다.

메토니에서 바라본 바다는 그렇게 내 마음을 오래도록 붙잡았다. 그리고 다시 생각해 본다. 저잣거리의 패역한 사람들을 피해서 홀로 배를 타고 가는 사도 바울의 마음은 어떠했을까? 테살로니키에 살던 유대인들은 사도 바울을 왜 그렇게 미워했을까. 얼마나 미웠으면 다른 도시까지 그를 쫓아야 했을까?

밤중에 흔들리는 배를 타고 아덴(아테네)으로 떠나는 그는 무엇을 생각했을까? 잔잔한 바다, 물새와 어부들, 그 평범함 속에서 바울이 급히 몸을 피하며 아테네로 향하는 장면을 떠올리자 가슴이 묘하게 저려 왔다.

아레오 파고스 언덕에서 벌어진 논쟁
아테네

그리스의 수도 아테네는 정치, 경제, 문화의 중심지로 그리스 전체 인구의 삼분의 일이 모여 사는 메트로폴리탄이다. 아테네는 아티카 분지의 중심에 위치하고 있고 네 개의 산이 아테네를 감싸고 있다. 북쪽에 1,413m로 가장 높고 국립공원으로 지정된 파르니타산이 있다. 서쪽에는 아이갈레오산, 동쪽에는 히메투스산, 북동쪽에는 펜텔리쿠스산이 있다. 이 산들뿐 아니라 중심에는 작은 언덕이 여럿 있다. 가장 높은 리카비토스(Λυκαβήττος)에서는 아테네 전체를 바라볼 수 있다. 높은 아크로폴리스에서는 남서쪽의 사로니코스만(灣)을 볼 수 있다.

기원전 5세기 고대 그리스 도시국가의 맹주로서 최고의 번영을 누렸던 아테네는 표현하기 힘든 양면성을 지닌 도시이다. 시내 곳곳에 산재해 있는 유적과 유물들은 고대의 모습을 그대로 간직하고 있기에 마치 타임머신을 타고 과거로 돌아온 것 같다. 상상력이 풍부한 여행객이라면 정치가 페리클레스의 열띤 연설 소리를 들을 수 있고, 플라톤의 아카데미아를 만날 수 있다.

그런가 하면 최신 유행의 패션 감각을 지닌 젊은이들과 관광객으로 항상 붐비는 에르무 거리에는 여느 유럽 도시에 뒤지지 않는 현대적인 빌딩과 고전적인 전통 건물이 줄지어 서 있다. 곳곳에는 중세 시대의 비잔틴 건물도 남아 고대와 중세, 그리고 현대가 절묘하게 조화를 이루며 공존하고 있다.

아테네의 시작

아테네의 이름이 정해지지 않았을 무렵 아테나 여신과 바다의 신 포세이돈이 이 도시의 수호신 자리를 놓고 다투었다고 한다. 두 신은 이곳 사람들에게 가장 좋은 선물을 주는 신의 이름을 따르기로 했다고 한다. 전설 속의 이 지역 왕 케크롭스 1세가 판관이 되었다. 포세이돈은 그의 주 무기인 삼지창을 땅바닥에 꽂아 우물을 만들었다. 아테나는 올리브나무를 선사하고 그 나무를 기르는 방법을 가르쳐주었다. 이 경쟁에서 케크롭스 1세는 아테나 여신의 손을 들어주었고, 아테네가 도시의 이름이 되었다 한다. 이것이 신화로 전해져 내려오는 이 도시의 시작이다. 물론 민주주의 발상지라는 자부심으로 가득한 이곳 학자들은 여신으로부터 도시의 이름이 정해진 것이 아니라, 도시의 이름으로부터 여신의 이름이 유래되었다고 강하게 주장하고 있다.

실질적인 아테네의 역사는 기원전 8~7세기에 아테네 사람들이 주변의 분열된 네 개의 부족과 연합함으로 시작되었다고 한다. 기원전 508년의 클레이스테네스는 강력한 개혁으로 아테네 도시국가의 기초를 마련했다. 기원전 500년 다리우스는 페르시아 제국에 반란을 일으킨 이오니아 지역을 아테네가 사주했다고 생각했고 이로 인해 제1차 그리스-페르시아 전쟁이 발생한다. 우리가 잘 아는 마라톤 전투에서 아테네인들의 용맹과 애국심으로 제2차 그리스-페르시아 전쟁에서도 승리를 한다.

아테네의 전성기

아테네의 최전성기는 페리클레스의 시대이다. 페리클레스는 전쟁으로 불타버린 아크로폴리스를 불타지 않는 대리석으로 새롭게 건축했다. 이후 마케도니아 왕조의 전성기 시대에도 다른 도시는 몰라도 아테네는 특별한 대우를 받았다.

로마에 점령된 시기에도 아테네는 부와 명성을 유지한다. 특히 하드리아누스(AD 117~138) 치하에서 올림피아의 제우스 신전이 완공되고 오늘날까지 남아 있는 수로가 건설되었다. 아테네를 너무도 좋아했던 이 황제는 아테네의 제우스 신전을 자신의 신전으로 만들었지만 그의 사후 다시 제우스 신

하드리아누스의 문

전으로 돌아왔다. 다만 그가 세운 신전의 대문만은 지금도 하드리아누스의 문으로 불린다.

이후 로마 제국의 쇠락과 함께 아테네 역시 쇠퇴하기 시작했으며, 신앙심 깊은 유스티니아누스 대제가 아카데미아를 폐쇄할 시점에는 이미 아카데미아는 존재 자체가 유명무실했다. 아테네가 자랑하던 파르테논 신전과 헤파이스토스 신전 등의 신화는 사라졌고 파르테논 신전은 소피아 교회로 바뀌었다. 1204년 십자군은 아테네를 점령했다. 콘스탄티노플의 운명에 따라 아테네 역시 1456년에 오스만 튀르크에 함락되었다. 그 후 아테네는 완전히 몰락해 아크로폴리스 주변의 작은 촌락으로 전락한다. 1828년 그리스 왕국이 독립한 이후 원래 그리스의 수도는 펠로폰네소스 반도에 위치한 나플리오였다. 1833년 오토 왕의 주도로 아테네가 새로운 수도로 지정되어 오늘에 이른다.

아크로폴리스와 파르테논 신전

정치의 중심인 국회의사당에서 한때 경제의 중심이었던 오모니아 광장까지 이어지는 길은 대학로라는 뜻의 파네피스티미우 거리이다. 이 길 중간에 바울을 통해 복음을 영접했던 아레오바고 공회의 관리의 이름을 딴 디오누시오 교회가 있다. 그리고 조금 떨어진 지점에 아테네 대학교 본부 건물이 있다. 이 건물 정면에 벽화가 있다. 프로메테우스가 인류에게 불을 훔쳐 주는 장면을 시작으로, 연대별로 중요 인물들이 등장한다. 이 벽화는 사도 바울이 아레오바고에서 설교하는 장면으로 마침표를 찍는다. 사도 바울이 가장 귀중한 복음을 이곳 아테네 사람들에게 주었음을 기억하고 있는 것이다. 그래서 바울의 아테네 사역은 당시에는 실패한 것처럼 보였지만, 지금껏 그리스인들에게 가장 큰 영향력을 미친 사람은 바울이다.

파르테논 신전은 유네스코를 상징하는 로고로 형상화되기도 했다. 그렇기에 그리스를 가보지 않은 사람이라 할지라도 대부분의 사람들이 파르테논 신전을 알고 있다.

아크로폴리스에 사람들이 살기 시작한 것은 기원전 4,000

아크로폴리스와 파르테논 신전

년부터라고 학자들은 말하지만 사실 인정하기 어려운 부분이다. 아무튼 이곳에 오래전부터 사람들이 살기 시작한 것은 분명하다. 처음에는 동굴에서, 나중에는 바위 꼭대기의 진흙 오두막에서 사는 사람들이 있었다. 아테네에는 아크로폴리스보다도 더 크고 더 높은 언덕들이 있지만 당시의 사람들은 아크로폴리스가 가장 살기에 안전하다고 생각했던 것 같다. 아크로폴리스의 정상은 동서로 300m, 남북으로 150m의 평지로 형성되었기에 고대부터 사람들은 이곳을 선호했던 것 같다. 그리고 바위 경사 부분에 생활에 필요한 물이 있었다고 한다. 외부의 적으로부터 그들을 보호해주는 가파른 바위들은 내가 보기에도 안전해 보이는 산성과 같은 곳이다.

이곳에 살던 주민들은 처음에는 농업과 사냥으로 생활을 했다고 한다. 그러다 기원전 1500년경에 신화 속의 아테네 지도자 테세우스의 거주용 집이 지어졌다는 것이다. 이 건물은 파르테논 신전이 세워지기 전인 기원전 7세기에 아테나 여신을 숭배하는 신전으로 사용되었다.

이 시점에 이곳 주민들은 지대가 높은 이곳을 떠나 주변 언덕 기슭에 거주하였고, 아크로폴리스는 주민이 자리를 비운 뒤 신성한 예배의 장소로 자리바꿈을 한다. 이때부터 아크로폴리스에는 많은 개조와 건축을 거치며 정교한 조각품들이 생겨났다고 한다. 이 조각품들은 기원전 480년 제2차 그리스-페르시아 전쟁 때 모두 화재로 불타버리고 아테네의 최전성기인 기원전 4세기에 델로스 동맹의 맹주로 군림하면서 불에 타지 않는 대리석으로 지어졌다. 페리클레스의 진두지휘 아래 건축가 므니시클리스와 칼리크라테스 등이 파르테논 신전, 그리고 신전으로 들어가는 웅장한 정문과 니케 신전, 에렉시온 신전 등을 건설했다. 재미있는 것은 니케 신전의 승리의 여신에게는 날개가 없다. 승리가 아테네에만 머물러야 한다는 지역 이기심에서 비롯된 일이다. 예나 지금이나 사람들의 마음은….

아테네 사람들은 아테네 신전이 아니라 파르테논 신전이라고 불렀다. 이는 그들이 섬기는 여신을 더욱 존귀하게 여기는 뜻에서다. 신화 속의 여신들은 모두 결혼을 하였거나, 결혼을 하지 않은 여신들은 동성애를 즐겼다. 하지만 오직 아테나 여신만은 평생 동정녀로 지냈기에 '파르테논(그리스어로 결혼하지 않는 여자를 의미)' 동정녀의 집이라고 지금까지 불러오고 있는 것이다.

아레오 파고스의 유래

아레오 파고스(Ἀρειοπαγος)는 아크로폴리스의 입구에서 100m 아래에 있는 바위이다. 그리스 신화에서 전쟁의 신 아레스가 자신의 딸 알키페를 겁탈한 바다의 신 포세이돈의 아들 할리로티오스를 죽이자 많은 신들이 항의하였다고 한다. 아무리 전쟁의 신이지만 재판도 없이 다른 신을 죽일 수는 없다는 취지로 올림포스 상위 12신들이 모여 재판을 벌였다. 아레스는 이곳에서 재판을 받았지만 무죄로 풀려난다. 이후로 이곳을 아레오 파고스(아레스의 바위라는 뜻)라고 불렀다고 한다. 오늘날까지 아레오 파고스는 아테네의 최고 상위 법원을 말한다.

아레오 파고스는 아크로폴리스에서 내려다보면 손에 잡힐 듯이 가깝게 다가온다. 아크로폴리스를 오르지 못하는 연세 많은 분들은 아레오 파고스에 서서 시선을 조금만 위로 돌려 한눈에 들어오는 파르테논 신전을 감상하곤 한다. 그리고 아레오 파고스에서 아테네를 바라보면 옛날 시장터가 정연하게 눈앞에 펼쳐진다. 그래서 많은 관광객들은 이곳에서 사진을 찍는다. 그 옛날 철학자들은 이 바위 언덕에서 재판했고 새로운 이슈를 말하고자 하는 사람에게는 말할 기회를 주어 그의 의견을 발표하게 하였다.

사실 아레오 파고스는 아고라의 한 부분이자 상징이라고 봐야 한다. 자연의 순리에 순응하며 살라는 금욕주의 윤리를 주장하는 스토아학파의 창시자 키프로스 출신 제논은 이곳에서 그의 제자들을 가르쳤다. 그 후로 아레오 파고스는 많은 철학자들의 쉼의 공간이 되었다. 재미있는 것은, 당시에는 이 금욕주의 윤리에 정반대되는 사모스 섬 출신 에피쿠로스와 그의 제자들도 함께했다는 것이다. 이들은 "쾌락이 인생의 최고의 선이자 목표라면 우리가 사는 날 동안 가능한 많은 쾌락을 누려야 한다."라고 주장하던 이들이다. 극단적 대립을 보이는 두 학파의 철학자들은 이곳 아레오 파고스에서 때로는 논쟁으로, 가끔은 야합으로 하나가 되기도 했다.

아레오 파고스에서 사도 바울의 설교

51년 아테네 아고라에서 바울은 스토아학파, 에피쿠로스학파와 대화를 나눈 후 아레오 파고스로 인도되었다. 그는 지역 유대 회당과 그 외 장소에서 설교했다. 바울은 어디에 가든지 유대인에게는 예수 그리스도를 전함으로써 그들이 그리스도께로 돌아오는 것이 목적이고, 이방인들에게는 그리스도를 통해서 그리스도를 영접하게 하는 것이 목적임을

분명히 밝히고 있다.(고린도전서 9장 19~20절)

그리스 신화의 고장답게 아테네에는 수많은 신들을 섬기는 신전이 있었다. 그 모든 신들에게 제사를 드렸음에도 혹시 빠뜨린 신이 있을까 하여, 이름 모를 신들에게도 제사를 드리는 신전을 바울 사도는 보았던 것이다. 사도행전 17장 18~21절에서 바울은 아고라에서 만난 소피스트들과 쟁론을 벌인다. 바울 사도가 예수 그리스도의 부활에 대해 이야기하자 바울을 이방신들을 전하는 자라고 판단한 후 아레오 파고스로 데려간다. 그리고 당신이 전하는 새로운 종교에 대해 알 수 있겠느냐고 묻는다.

그들은 새로운 교리에 대한 호기심을 숨기지 않았다. 아테네 사람들과 이 도시에 머무는 외국인들은 가장 새로운 것 외에는 관심을 나타내지 않는 자들이라고 성경은 말한다. 세상의 창조주이시며 모든 좋은 것을 주신 이 하나님은 성전에 계시지 아니하시고 사람의 수고를 필요로 하지 아니하시나니 그의 형상을 만드는 것이 옳지 않다고 바울은 말했다. 바울은 이 생각이 스토아학파의 시인 아라투스의 말과 일맥상통한다고 말한다. 그리고 하나님께서 죽은 자 가운데서 다시 살아난 예수 그리스도를 통해 세상을 심판하실 것이라고 선언한다. 바울의 설교를 들은 청중들은 비웃고 기롱했다. 유대인들은 그리스도를 메시아로 받아들이지 않았고, 이방인들은 몸은 영혼을 가두고 있는 곳이라고 생각하고 있었다. 그래서 인간은 결코 부활할 수 없다고 생각해왔다.

　아레오 파고스로 바울을 데리고 간 이유에 대한 의견은 다양하다. 바울이 아레오 파고스에서 심문을 받았다는 것은 교부들이 증언한다. 바울을 비판한 이들은 중범죄자를 심판하는 자리인 아레오 파고스에 바울을 세워, 아테네의 종교와 질서를 위협한 죄를 묻고자 했다. 사실 바울의 경우는 젊은 이들을 타락시키고 전통적인 종교 의무를 소홀히 하고 종교적 혁신을 도입한 혐의로 아레오 파고스로 끌려간 소크라테스의 경우와 매우 유사하다. 당시 아레오 파고스의 재판은 살인사건에 대해서만 열렸을 것으로 추정되기 때문에 바울 사도의 경우는 죽은 자의 부활에 대한 언급 때문에 더 이상 고려할 가치가 없는 것으로 간주되었다. 바울이 아레오 파고스에서 설교를 할 때 여자들을 포함한 많은 사람들이 들었을 것이다. 당시 바울의 설교를 듣고 개종한 사람으로 재판관 디오니시우스와 다마리가 알려져 있다.

로마인에 의한 로마인을 위한 로마인의 도시 코린토스

코린토스는 아테네와 펠로폰네소스 반도를 잇는 길목에 자리하여 고대 그리스 시대부터 교통의 요충지가 되어왔다. 사도 바울이 전도했던 코린토스는 당시 그리스에서 가장 활발한 상업 중심지이자 국제적인 도시였다. 코린토스는 천혜의 지리적인 조건을 갖추고 있었다. 서쪽에는 이오니아해와 이탈리아로 향하는 레카이온 항구를 품고 있었고 동쪽으로는 아테네를 바라보면서 에게해로 나갈 수 있는 겐그레아 항구가 있었다. 코린토스는 기원전 8세기경 이곳으로 원정 온 도리아인들에 의해 국가가 세워지고 기원전 6세기경에는 그리스의 여러 도시국가 가운데 가장 강력한 도시 중 하나가 되었다. 이후 페르시아와의 전쟁에서 위치의 중요성으로 어느 도시국가보다도 인정받는 도시로 성장했다. 아테네와 스르타의 30년 전쟁 후 그리스의 새로운 실력자로 등장한 마케

도니아의 필리포스 2세는 코린토스에서 헬라 동맹을 맺을 정
도로 코린토스를 인정했고 코린토스는 전쟁에 지친 아테네
와 스파르타를 앞서서 발전해 나갔다. 그러다 기원전 146년,
이 도시에서 로마 통치에 대한 반란이 일어나자 로마 집정관
무미우스의 군대는 코린토스를 철저히 파괴하여 풀 한 포기
자라지 못하도록 초토화시켰고 이후 버려진 황무지로 방치
되었다.

100년이 지난 기원전 44년 로마의 새로운 실권자로 등장
한 줄리어스 시저는 코린토스의 전략적, 상업적 중요성을 너
무도 잘 알고 있었기에 이전과 전혀 다른 새로운 로마의 대
도시로 건설하였다. 다시금 코린토스는 역사의 무대에 등장
하면서 번영의 항구가 되었다. 이때의 건축 양식을 뜻하는 코
린토스 스타일이라는 명칭은 지금까지 사용되고 있다.

현재 코린토스는 신(新) 코린토스로, 1858년과 1928년의
대지진 후에 세워졌다. 아테네에서 서남쪽으로 80km 되는
거리에 있다. 코린토스로 가는 길에는 마치 두부를 반듯하게
자른 듯한 코린토스 운하를 지나야 한다. 사로니코스만과 코
린토스만을 연결하는 운하 위로는 열차와 버스가 다니는 다
리가 가로놓여 있어 펠로폰네소스는 반도가 아닌 인위적인
섬이 되어버렸다. 운하를 파서 코린토스 지협을 통해 이오니
아해와 에게해를 연결하겠다는 아이디어는 고대 코린토스의
창설자인 참주(僭主) 페리안더에 의해 최초로 이루어졌다. 그

러나 이 과업의 장대함으로 그 시대에는 실현하지 못하였다. 그 사이 많은 지도자들, 즉 알렉산더 대제, 칼리굴라 등이 운하 계획을 가졌으나 역시 실현하지 못하였다. AD 67년 네로 황제 때 실제로 작업에 들어가 6,000명의 유대인 노예를 동원하여 건설하기 시작하였으나 곧 갈리아인들의 침입에 의해 중단되었다. 19세기(1883~1893)에 가서야 프랑스 엔지니어회사에서 이 운하를 성공시킴으로써 2,600년 만에 계획이 이루어졌다.

운하를 지나서 신 코린토스 시내로 들어서면 바울 시대에 이탈리아와 이오니아 해의 출구였던 레카이온 항구를 대신한 코린토스 항구가 한 폭의 그림같이 다가온다. 오늘날 코린토스에는 바울 기념 교회가 있다. 바울 사도가 기록한 유명한 고린도전서 13장이 동판에 그리스어로 기록되어 있다. 그리고 맞은편에는 제1대 담임교역자 사도 바울을 비롯하여 현재까지 89대 담임 교역자의 이름이 기록되어 있는 대리석이 붙어 있다. 그리고 교회 정문 위의 공간에는 두 사도의 모습이 모자이크로 그려져 있는데, 한 쪽은 열쇠를 들고 있는 사도 베드로의 모습이고, 다른 쪽은 편지들을 손에 들고 있는 사도 바울의 모습이다. 두 사도께서 이곳을 다녀가셨지만 한 번도 만난 적이 없기에 서로 맞은편에 세워져 있다는 교회 관리인의 설명이다. 복음을 위해 최선의 삶을 살다간 두 사도의 모습이 인상 깊은 신 코린토스이지만 바울 사도의 흔

코린토스 박물관의 동상들

적은 찾을 수 없다. 그러나 그가 기록한 고린도 서신의 수신지라는 이유 하나만으로도 신 코린토스는 여느 그리스의 도시들과 달리 보인다.

사도 바울의 숨결이 서려 있는 코린토스는 그리스어로 '아카이아 코린토스(αρχαία Κόρινθος)'라고 부르는 구(舊) 코린토스이다. 바울 사도의 코린토스로 가려면 겨울에도 온화하고 아름다운 신 코린토스에서 차로 약 20여 분간 시지프스의 신화가 숨 쉬는 산 쪽으로 이동을 해야 한다. 관광객이 뜸한 유적지 입구는 작은 산촌 마을과 다름이 없는 풍경이다. 이곳을 찾는 이들을 위한 작은 음식점들과 민예품 가게들을 힘들게 지나면 오랜 세월의 무게에 흐트러진 그림 같은 유적들이

아폴론 신전의 일곱 기둥

고대 도시임을 증명이나 하듯이 이곳을 찾는 순례자들을 맞이한다.

유적지 안으로 들어가면 입구 가까운 곳에 코린토스 박물관이 있다. 성경에 인용된 청동거울과 신석기시대로부터 로마시대에 이르는 도자기들, 그중에는 의료의 신 아스클레피오스에게 드리는 여러 인체 모양의 도자기들이 보는 이들의 눈길을 잠시 붙잡는다. 옆방에는 코린토스에서 발굴된 동상들이 있는데 대부분 시저와 옥타비아누스가의 동상들이다. 동상들을 보노라면 이들의 영향력이 얼마나 큰 것인가를, 오랜 세월이 흘러도 이들은 코린토스의 주인이라는 것을 깨닫게 된다. 박물관 작은 안뜰에도 많은 비석과 동상들이 전시되어 있다. 이 가운데서 코린토스에 유대인 공동체가 존재했음을 알리는 유대인들의 묘비명과 메노라(가지가 7개 혹은 9개 달린 촛대로 유대교의 상징)가 조각된 비석 등이 공간 한쪽을 채우고 있다.

박물관 옆에는 아우구스투스 황제의 신전이 아칸서스 문양의 전형적인 코린토스 양식으로 나지막하게 자리하고 있지만, 고대 코린토스가 가장 잘나가던 기원전 5세기에 세워진 우뚝 솟은 아폴론 신전에는 비교가 되지 못한다. 지금은 무너지고 일곱 개의 기둥만 남았지만 아주 오래전에 이 아폴론 신전은 대리석으로 지은 다른 신전과 다르게 시멘트를 사용하여 큰 구조물로 건축되었다.

옥타비아누스는 아테네가 아닌 코린토스를 로마의 속주 아가야 지방의 수도로 만들었다. 우리가 흔히 말하는 코린토스 양식은 로마시대 이전 코린토스 사람들의 문화와 생활방식이 아니라 이 당시 코린토스에 생활했던 로마인들의 미술과 건축양식을 가리키는 말이다. 그래서 사도 바울이 코린토스에 도착할 즈음 코린토스는 로마인에 의한, 로마인을 위한, 로마인의 완벽한 도시로 탈바꿈되어 있었다. 도시의 모양뿐 아니라 그 속에 사는 코린토스 사람들의 의식구조와 행동까지도 완전히 로마화가 되었다.

동서양에서 몰려든 다양한 인종과 많은 사람들로 항상 붐비는 이 도시는 심한 빈부의 차이가 있었고, 바울 사도가 교회 안에서 여성 신도들에게 머리에 수건을 씌울 정도로 사치와 향락이 차고 넘쳐흘렀다. 뿐만 아니라 당시 로마에서 유행하던 디오니소스 축제(라틴어로 바쿠스 축제) 등 퇴폐적인 이교 행사와 음란한 생활 윤리는 코린토스 사회뿐 아니라 교회 안에도 그대로 수용되어 의붓어머니와 동거해도 탓하는 사람이 없을 정도로 문란했다.

사도 바울은 코린토스에서 로마를 보았고 로마의 많은 것들을 체험하였기에 바른 길을 제시하고 싶었다. 그래서일까. 바울은 2차 전도여행과 3차 전도여행 중 코린토스에서 약 2년간의 사역을 끝내고 코린토스의 외항 겐그레아에서 초연한 모습으로 머리를 깎아 준 뵈뵈 집사에게 편지를 쥐어준다. 그것은 고린도 교회에 보내는 편지가 아니라 한 번도 가보지 않은 바다 건너 로마에 보내는 편지였다.

유대인들의 고소로 신임총독에게 끌려갔던 바울의 재판자리에 서면 우리의 믿음이, 신앙이 무엇인가 숙연히 생각하게 된다. 그래서 이 도시, 코린토스의 주인은 역사 속에 명멸해 간 수많은 동상들의 주인공이 아니라, 초라한 비문 하나 남아 있지 않지만 직접 텐트를 만들며 그리스도의 복음을 쉰 목소리로 유대인들에게 전도한 사도 바울과 수많은 그의 동역자들인 것이다.

코린토스 광장에는 바울이 설교했던 비마(강단)가 지금도 남아 있고 북서쪽 상점들의 유적지엔 아주 오래전에 벽에 새겨둔 십자가가 보인다. 오랜 세월 전에 새겨진 십자가들은 건물 주인들이 바뀌면서 석회석 벽화에 숨죽이고 있다가 근래에 이 세상에 나타난 것이다. 박물관의 동상들과 비교할 때 너무도 작고 초라하게 보이지만 나의 눈에는 어느 무엇보다도 크고 충격적인 조각이자 흔적이었다. 따라서 세월의 생채기 같은 신앙의 흔적들과 징표들이 가득한 코린토스는 그의 애증이 담긴 바울의 도시이다. 그리고 오늘 우리의 자화상이 된 도시이다. 옛날의 명성을 뒤로하고 지금은 흩어진 돌조각으로 남아 있는 코린토스, 그러나 그 퇴락 속에서 오늘을 살아가는 우리들의 모습이 어림은 어인 일인가?

네로 황제가 사랑한 도시
이스트미아

코린토스 운하가 겐그레아 쪽에서 시작되어 코린토스 운하의 절반 지역이 이스트미아다. 이곳은 코린토스보다도 더 많은 지형적 가치와 의미를 지니고 있다. 기원전 338년 마케도니아의 필리포스 2세는 카이로네아 전투에서 승리한 뒤 그리스 모든 도시들의 대표를 이스트미아에 불러 코린토스 동맹을 탄생시켰다. 그의 아들 알렉산더 역시 이스트미아에서 전체 그리스 도시회의를 열어 결속을 다진 후 다리우스 3세의 페르시아와 전쟁을 벌였다. 알렉산더 사후에 그의 후계자들이 벌인 권력 투쟁에서도 이스트미아는 상징적 의미를 가졌다. 기원전 308년부터 301년까지 이어진 4차 후계자 전쟁(디아도코이 전쟁)에서 프톨레마이오스 1세와 데메트리우스 폴리오르세테스는 이스트미아에서 영향력을 행사하고자 했다. 이는 이스트미아에서 선대의 업적을 재현해야 알렉산더의

금화에 새겨진 네로 황제의 초상

진정한 후계자로 거듭날 수 있다고 생각했기 때문일 것이다.

이스트미아에 유명세를 더한 것은 로마의 네로 황제가 이스트미아 제전(AD 62)의 7륜 마차 경주 종목과 그가 새롭게 만든 음악과 시 종목 등에 출전한 것이다. 어느 선수가 황제를 이길 수 있는가? 당연히 그는 우승을 하였고 네로는 직접 우승자를 위한 승전가를 지어 불렀다.

당시 그리스에서 유명한 제전은 4년마다 열리는 올림피아 제전과 델피의 피티아 제전 그리고 2년마다 열리는 이스트미아 제전 그리고 이스트미아에서 가까운 네메미아 제전이 있었다. 이들 제전은 서로가 엇갈리게 진행되어 해마다 열리도록 했다. 이들 제전은 모든 그리스인이 모여서 진행하였다. 4

대 제전 중 이스트미아 제전이 아테네인들에게 가장 인기가 많았다. 이스트미아 제전에서 우승한 아테네 사람에게 100 드라크마의 돈을 우승 상금으로 지불했다고 한다.

이스트미아 제전은 신화 속 코린토스의 왕이었던 시지프스에 의해 이 지역의 영웅 멜리케르테스를 위한 위령제에서 시작이 되었다. 그러다 아테네의 전설적인 인물 테세우스가 지역의 동네 축제였던 이스트미아 제전을 바다의 신 포세이돈에게 드리는 제전으로 발전시켰다.

옥타비아누스의 증손녀인 네로의 어머니 아그리피나가 나이 많은 그녀의 삼촌인 글라우디스 황제의 세 번째 부인으로 재혼을 하게 된다. 네로는 어머니의 재혼으로 로마제국의 왕자가 되었다. 그의 본명은 루키우스 도미티우스 아헤노바르부스였다. 어머니 아그리피나의 도움으로 황제가 된 후 그는 네로 클라우디우스 카이사르 아우구스투스 게르마니쿠스라는 긴 이름을 가지게 되었다. 옥타비아누스는 AD 14년에 사망한다. 원로원과 민회는 그를 신으로 선포하고 이후의 모든 황제들은 아우구스투스 카이사르라는 이름을 사용하게 된다. 그리고 네로가 자신에게 삼촌이 되는 칼리굴라 황제의 본명 게르마니쿠스를 사용한 것은 아마 옥타비아누스가의 사람인 것을 이름 속에 내포하고 싶었기 때문일 것이다.

권모술수와 암살의 피비린내로 가득한 로마가 싫어서일까? 네로는 코린토스와 이스트미아에서 전차 경주의 운동선

수가 되고, 시인이 되었다. 그리고 가수가 되어 그의 숨겨진 자질을 마음껏 뽐냈다. 코린토스와 이스트미아, 새로운 도시에서 그는 마음껏 즐겼고 로마를 코린토스처럼 새로운 도시로 만들고 싶었을 것이다.

텐트메이커(tentmaker) 바울

그리스의 모든 제전에서 선수들은 아무것도 입지 않은 전라의 모습으로 경기에 출전했다. 그리스어로 전라의 상태를 김노(γυμνό)라고 한다. 오늘날 체육관을 의미하는 영단어 김나지움(gymnasium)은 그리스어 김나스트리오(γυμναστήριο)에서 유래한다.

경기가 열리는 5월이면 더위가 시작되기에 벌거벗은 선수들의 더위를 가려줄 천막이 필요했다. 경기가 열렸을 때 텐트메이커였던 바울이 만든 작은 천막들도 사용되었을 것이다. 그리고 바울이 참관했던 경기 종목들과 선수들의 모습은 그에게 깊은 영향을 주었을 것이다. 그렇기에 바울은 고린도교회에 보낸 편지(고린도전서 9장 22~27절)에서 "달리는 사람은 방향을 잡고 결승점을 향해 달려야 한다. 권투 선수는 허공을 치는 것이 아니라 상대 선수를 향해 쳐야 한다. 상을 얻는 사람은 한 사람이다. 우승자는 면류관을 받지만 그것은 썩을 수밖에 없다. 그러나 우리가 하늘에서 받을 면류관은 썩지 않는 영원한 면류관이다."라고 편지에 기록한 것이다. 바울의 이러한 편지는 고린도 교회 교인들이 너무도 익숙히 알고 있는 내용들이었기에, 부연할 필요가 없을 것이다.

네로 황제나 바울에게 코린토스와 이스트미아는 특별한 지역이었다. 같은 시기 함께 있지는 못했지만 이 두 사람에게 아주 깊은 인상을 준 것은 틀림없는 사실이다. 아이러니하게도 바울 사도는 이곳을 사랑했던 네로의 광기에 의해 로마에서 순교로 생을 마감한다.

몇 해 전 늦봄에 이곳을 다녀왔다. 허물어진 경기장 유적지엔 잡초들이 더운 날씨에 누렇게 변하고 있었다. 고린도 교회에서 일어나는 유대인들의 반대와 교회 안에서 자신을 향한 적대감 등 여러 이유들로 힘들었을 바울 사도를 보는 것 같아서 나도 모르게 긴 한숨이 흘러나왔다.

운동장에서 달음질하는 자들이 다 달릴지라도 오직 상을 받는 사람은 한 사람인 줄을 너희가 알지 못하느냐 너희도 상을 받도록 이와 같이 달음질하라.
이기기를 다투는 자마다 모든 일에 절제하나니 그들은 썩을 승리자의 관을 얻고자 하되 우리는 썩지 아니할 것을 얻고자 하노라.(고린도전서 9장 24~25절)

소아시아로 가기 위한 관문
겐그레아

겐그레아로 가는 길은 쉬운 듯하면서도 작은 어려움이 있었다. 좁은 2차선 도로의 내리막 급커브가 끝나는 지점에 작은 푯말을 놓치는 수가 종종 있기 때문이다. 도로 위쪽에 작은 동네가 오늘의 겐그레아다. 고대 겐그레아는 도로가에 비치파라솔이 몇 개 세워져 있는 곳이다. 전문 안내인이 없이는 찾기 힘들뿐 아니라 몇 해 전에 일어난 심각한 교통사고의 여파로 관광버스 등은 작은 유적지 안으로 들어오지 못하도록 쇠말뚝을 설치해서 순례객들이 사진도 찍지 못하게 되어 있다. 썰물 때가 아니면 아주 작고 초라한 부두의 흔적과 몇 개 남지 않은 유적 그리고 이 지역 관공서에서 세운 겐그레아 항구의 안내판이 이곳이 사도 바울이 머리를 깎고 소아시아로 항해를 한 항구임을 알 수 있게 한다.

겐그레아 항구. 물에 잠긴 신전 터가 보인다.

복음에 온 신경을 집중했던 바울 사도가 당시 최대의 도시인 코린토스의 관문인 이곳 겐그레아에 교회를 개척한 것은 필연적인 일이었다. 뵈뵈 집사는 로마에서 온 군인들이나 여행자들이 코린토스에서 쉼을 얻고 다시 소아시아 지역으로 가기 위해 배를 기다리던 이곳에서 많은 그리스도인들을 성심성의껏 도왔던 자매이다.

내가 겐그레아 교회의 일꾼으로 있는 우리 자매 뵈뵈를 너희에게 추천하노니(로마서 16장 1절)

아테네의 역사가인 투키디데스가 제2차 그리스-페르시아

전쟁 후 델로스 동맹의 맹주인 아테네와 펠로폰네소스 동맹의 주도국가 스파르타의 30년 전쟁을 기술하면서 처음으로 겐그레아에 대해서 기록한 것 외에는 별다른 기록이 없다. 사실 코린토스조차 줄리어스 시저에 의해서 재건설되기 전까지는 100년의 세월을 버려진 곳으로 방치되었기에 그 주변의 다른 지역은 당연한 것이다.

코린토스가 아가야 지역의 주도가 되면서 코린토스에서 아시아 지역으로 가는 항구가 생기는 것은 필연적이었고, 겐그레아는 발전할 수밖에 없었다. 항구 지역 특성상 바다의 신 포세이돈과 신화 속 조개껍질을 타고 등장한 미의 여신 아프로디테가 항구의 수호신이었기에 가장 좋은 자리에는 이들의 신전이 있었다. 지금은 물에 잠겨 희미한 흔적만 남았지만….

AD 2세기경 그리스를 직접 돌아다니며 『그리스 이야기』를 저술한 파우사니아스는 포세이돈과 피레네 사이에 두 명의 아들이 태어났는데 작은아들의 이름 케기아스에서 겐그레아가 유래되었다고 한다.

바울의 아픔

변변한 유적과 유물 하나 없는 이곳이 어떤 의미가 있는지, 겐그리아의 유적지에서 생각을 해본다. 왜 바울 사도는 18개월이라는 긴 시간을 사역한 코린토스를 떠나기 전 하나님께 대한 서원 의식으로 자신의 머리를 깎아야 했을까. 아마 바울은 서원적인 개념뿐 아니라 두고 가는 고린도 교회를 생각하면 삭발뿐 아니라 더한 것이라도 하고 싶었을 것이다.

철학자 세네카의 형제인 갈리오가 51년 봄에 아가야 총독으로 부임해 온다. 코린토스 지역에서 바울을 비롯한 기독교 공동체에 대한 틈을 노리고 있던 유대인들은 신임 총독이 부임하자 바울을 소송하여 재판 자리에 바울을 세웠다. 갈리오는 소수지만 지역 유지인 그리스도인(당시 코린토스 재무관 에라스도를 비롯한 관료들)들과 다수인 유대인들을 신경쓰지 않을 수 없었다. 갈리오는 머리 아픈 이 문제에서 빠지기를 원하며 "너희 민족의 문제는 너희가 알아서 해결하라."라고 말했다. 그러나 유대인들은 그 재판 자리에서 회당장으로 시무하다 바울을 통해서 회심한 소스데네에게 테러를 가한다. 바울의 제자들은 조만간 이와 같은 사건이 바울에게도 일어나게 될 것이라 생각했을 것이다. 그래서 바울 사도에게 코린토스에서 떠나 있기를 요구했을지도 모른다.

바울은 코린토스에서 자신이 떠난 후에 일어날 일들을 생각하지 않을 수 없었다. 바울을 반대하던 몇 명은 스테판 집사를 죽인 살인자 바울이 언제부터 사도였냐며 사도권 문제를 지속적으로 제기했다. 이미 교회 안에 싹이 보이는 베드로파, 아볼로파, 바울파, 그리고 그리스도파로 나눠지는 사분오

열 또한 그의 염려였다.

바울이 코린토스를 떠나서 에베소에 있을 때 그가 염려했던 일들이 빠르게 들려왔다. 먼저 기록된 갈라디아서, 데살로니가 전서와 후서의 인사말보다 더욱 강하게 고린도전서의 인사말은 이렇게 시작한다. "하나님의 뜻을 따라 그리스도 예수의 사도로 부르심을 입은 바울…." 자신이 사도로 부르심을 입은 것은 하나님의 뜻이자 예수 그리스도로부터 직접 부르심을 받은 것이라 말하고 있는 것이다. 그리고 사분오열로 나뉜 고린도 교회에 자필 편지를 통해 남긴 말씀은 당시 고린도 교회만이 아니라 오늘날의 우리에게도 해당하는 말씀이 아닐까 생각한다. 특히 고린도전서 13장에 쓰인 사랑의 의미는 현대 신자들에게 바울의 마음을 가르쳐 준다.

사랑은 오래 참고 사랑은 온유하며 투기하는 자가 되지 아니하며 사랑은 자랑하지 아니하며 교만하지 아니하며 무례히 행치 아니하며 자기의 유익을 구치 아니하며 성내지 아니하며 악한 것을 생각지 아니하며 불의를 기뻐하지 아니하며 진리와 함께 기뻐하고 모든 것을 참으며 모든 것을 믿으며 모든 것을 바라며 모든 것을 견디느니라.(고린도전서 13장 4~7절)

유럽 최초의 문명이 태동한 곳
크레타

크레타는 유럽문명의 발생지라고도 할 수 있다. 신석기시대부터 사람들이 살기 시작했으며 크레타 섬은 유럽에서 가장 오래된 문명인 미노스 해양문명을 꽃피웠다. 오늘날 남아 있는 흔적은 크레타의 주도인 이라클리오 인근의 크노소스 궁전 정도밖에 없지만, 벽화와 도기 등 유물을 보면 무척이나 화려하고 생기 넘치는 문화를 구가했음을 알 수 있다. 섬의 이름인 '크레타'도 기원전 8세기 시인 호메로스의 『일리아스』에서 언급된다. 그리고 성경에서 히브리 민족과 대치되는 블레셋인들이 이곳 크레타(갑돌림) 출신 민족들이다.

헬레니즘 시대를 거치며 이 섬은 한동안 외면받기도 했다. 로마 제국(동로마 제국) 시절인 826년부터 960년까지 아랍인들의 지배를 받았다. 4차 십자군 원정 이후 이곳을 점령한 베네치아 공화국이 400여 년간 지배했다. 이후 17세기 중후반

크노소스 궁전의 돌고래 벽화

크노소스 궁전
유적지

20여 년간 오스만 튀르크 제국과 공방전 끝에 오스만 제국의
지배를 1898년까지 받게 된다.

　힘들게 섬을 정복한 오스만 제국은 농민들의 토지 소유권
을 인정하고 세금을 제국 내에서 가장 낮게 하여 나름 안정
적인 통치를 이어나갔다. 18세기 말에 이르면 섬 인구 중 절
반이 무슬림이 되었으나 나머지 기독교도들도 별다른 차별
을 받지는 않았다.

　이후 그리스 민족주의가 대두되면서 1821년 그리스 독립
전쟁이 발발하자 크레타의 그리스인들은 독립운동에 가담
한다. 독립에 성공한 펠로폰네소스 반도와 중부 그리스, 키
클라데스 제도와 달리 이 섬은 오스만 튀르크에게 엄청난 피
의 학살을 당한다. 1895년 크레타의 그리스인들이 다시 봉기
를 일으키고 섬의 대부분을 장악하자 1897년 독립을 지원하
던 그리스와 오스만 제국 사이에 전쟁이 발발했다. 이 전쟁에
서 오스만이 승리를 거두기는 했으나 이 사건으로 오스만 제
국이 더 이상 크레타를 통제할 수 없다고 판단한 서구열강은
크레타 문제에 개입한다. 크레타의 오스만군을 철수시킨 후
크레타를 명목상 오스만 지배 아래의 크레타 자치국이라는
형태로 독립시켰다.

　크레타 자치국은 드라크마 화폐도 찍어내는 등 실제적으
로 독립을 누리다가 1908년 튀르키예 케말 파샤의 혁명을
계기로 자치국 의회가 그리스와의 통합을 결의하였다. 1912

년 10월 1일 그리스가 크레타와의 통합을 선언하면서 그리스로 편입되었다. 그리고 발칸 전쟁에서 오스만 제국이 패하면서 크레타는 공식적으로 그리스 영토로 편입되어 오늘에 이르고 있다.

크레타 섬은 그리스에서 가장 큰 섬이며 지중해에서는 다섯 번째로 큰 섬이다. 매년 약 300만 명의 관광객들이 찾는 휴양지이다. 섬의 길이는 250km이고 너비는 가장 좁은 지점이 15km, 가장 넓은 지점이 65km까지 다양하다. 가장 높은 2,400m 이다 산 정상의 하얀 눈과 낮은 저지대의 지중해성 기후에 나는 가끔 이곳이 섬이라는 것을 인식을 하지 못하곤 했다.

크레타에는 수천 년 전부터 인간이 거주해 왔다. 고대부터 이 섬 고유의 문화적 전통이 꽃피웠고 사람들은 수많은 이야기를 낳고 낳았다. 유럽 최초의 문명이 태동한 곳도, 올림포스 신들의 왕 제우스가 태어나서 자란 전설의 배경도 이 섬이다. 카잔차키스가 태어나고 묻힌 곳도 이곳이다. 그의 작품 속 그리스인 조르바가 춤추던 곳도 바로 이곳 크레타 섬이다. 섬의 크노소스 궁전과 신화 속의 제우스 동굴 그리고 니코스 카잔차키스 박물관 등은 고고학과 신화와 문학을 넘나드는 이야기와 역사를 품고 있다.

지중해의 화창하고 쾌적한 기후, 너무도 맑은 공기와 투명한 바다는 코발트라는 색감을 실물로 보여준다. 바다와 뜨거운 태양, 깊은 계곡과 눈 덮인 하얀 산, 고유한 문화와 역사적 전통, 지중해성 음식과 평화로운 해변….

몇 해 전 작은아들이 CBS 성탄특집 〈新성지행전 '바울루트'〉 촬영팀을 도와주었다. 그때 크레타를 처음 다녀온 후 내게 한 말이다. "아빠, 지상 낙원이 있다면 아마 그곳일 것 같아요." 쉼을 통해 회복을 원하는 사람들에게 크레타는 이상적인 여행지이다.

17년 전 나는 처음으로 크레타 섬에 갔었다. 테살로니키에서 비행기를 타고 크레타의 이라클리오에 도착했다. 이라클리오에서 미항(칼리 리메네스)으로 가는 길에 디도가 사역했던 고르티나에 들렀다. 마침 대학 고고학 팀이 한창 발굴 중에 있었다. 지도교수는 우리를 환대하며 그들이 준비한 점심을 나눠 주었다. 그리고 디도와 크레타의 역사를 자세히 들려 주었다.

디도와 고르티나

디도를 크레타의 초대 감독으로 임명한 이는 사도 바울이다. 디도는 복음 전파에 있어서 사도 바울이 사랑하는 믿음의 아들이자, 동역자였다. 그는 크레타 지역의 광범위한 복음 확산을 위해 교회를 개척하고 일꾼(장로)들을 세웠다. 사도 바울이 생각하고 계획한 일을 디도는 한 치의 빈틈도 없이 진행했다. 이곳 전승에 의하면 사도 바울은 두 번 크레타를 방문했다고 한다. 첫 번째는 AD 60년 로마에 재판을 받으러 가는 길에 그가 타고 있던 배가 악천후로 인해 라세아(Lasea)와 가까운 미항에 정박했을 때이다. 두 번째는 로마에서 자유의 몸이 된 후에 디도와 함께 이곳에 왔다.

그때 바울 사도는 디도에게 모든 권한을 위임하고 떠났다고 전해진다. 디도는 처음에는 평범한 사람이었지만 바울 사도를 만난 후 바울을 끝까지 돕는 충실한 제자가 되었다. 바울의 말이라면 달마티아(오늘날 크로아티아 지역)까지 갈 정도로. 그리고 바울이 고린도 교회의 문제로 가장 힘들어할 때 앞장서서 이 문제를 해결한 사람이기도 했다.

크레타는 가장 사역하기 어려운 현장이었다. 이곳에 초대 주교로 디도를 파송했다는 것은 그에 대한 신뢰가 어느 정도인가를 가늠할 수 있게 한다. 크레타는 올림포스 신족의 아버지 제우스가 태어나고 자란 곳이라는 신화의 고향이다. 그리고 당시 이곳에 살던 유대인들은 전통적 유대주의로 무장한 사람들이기에, 바울은 자기의 속마음까지 읽을 수 있는 디도를 이곳으로 파송한 것이다.

디도로 말하면 나의 동료요 너희를 위한 나의 동역자요 우리 형제들로 말하면 여러 교회의 사자들이요 그리스도의 영광이니라.(고린도후서 8장 23절)

고르티나는 디도가 사역을 한 곳이다. 그리고 그는 이곳에서 죽었다. 그의 무덤은 후에 교회가 되었다. 이 도시가 황폐해지자 디도의 무덤을 현재 자리인 이라클리오로 이장했다. 현재 고르티나에는 허물어진 교회의 외부 모습만 남아 있다. 이 건물 중앙에는 디도의 초상화가 놓여 있어서 누구나 이곳이 디도 교회였음을 알 수 있다.

"모든 크레타 섬 사람들은 거짓말쟁이이다." 이 말은 기원전 6세기 사제이자 철학자인 에피메니데스가 한 말이라고 한다. 크레타 섬 사람들은 제우스가 크레타에서 태어나고 죽었으며 심지어 그의 무덤이 크레타에 있다고 주장했다. 이것은 제우스를 불멸의 존재로 여겼던 에피메니데스와 다른 그리스인들에게는 용납될 수 없는 일이었다. 기원전 3세기 그리스 시인이자 철학자 칼리마쿠스는 제우스에게 올리는 찬송가에 다음과 같이 썼다.

크레타 섬 사람들은 항상 거짓말쟁이들이니, 신의 왕이여, 그들이 죄를 지었고 당신이 죽지 아니하였으니 이는 당신이 불멸이심이라.

신화로 시작된 크레타 섬의 명예 훼손은 시간이 지남에 따라 전통이 되었고 사도 바울도 인용할 정도로 후대의 많은 중요한 사람들에게 영향을 미쳤다.

> 그레데인 중에 어떤 선지자가 말하되 그레데인들은 항상 거
> 짓말장이이며 악한 짐승이며 배만 위하는 게으름장이라 하
> 니 이 증거가 참되도다 그러므로 네가 저희를 엄히 꾸짖으
> 라.(디도서 1장 12~13절)

일리아스 교수는 이를 두고 지역신문에 다음과 같은 글을 기고했다. "그러므로 누구든지 이 속담에 대해 바울을 탓하고 싶다면, 먼저 에피메니데스와 에피메니데스에게 영감을 준 고대인들을 비난하여, 이 속담을 말하게 하면 좋겠다."

사도 바울이 겨울나기를 원했던 '미항'

기대가 크면 실망이 크다고 했던가? 미항은 너무도 힘들게 찾아왔는데 생각했던 것보다 작고 초라했다. 라세아 성 유적지는 작은 흔적과 유적지라는 푯말이 없었으면 그냥 지나칠 뻔했다. 내 기억 속에 미항은 몇 호 살지 않는 작은 해변마을이었다. 변변한 식당도 없었다. 그나마 미항 앞쪽에는 유류 저장고처럼 보이는 탱크가 몇 개 있는 작은 섬이 길게 놓여 있어 마치 천연 방파제처럼 보였다. 바울이 생각한 것처럼 겨울의 파도가 넘을 수 없는 아늑함과 안전함을 느낄 수 있었다.

마을을 가로질러 언덕에 보이는 바울 기념교회로 올라갔
다. 잠긴 문 때문에 안을 볼 수는 없었다. 조금 떨어진 등성이
에 생각지 못했던 나무 십자가가 세워져 있는 아주 작은 동
굴을 찾을 수 있었다. 전승에 따르면 바울이 기도하던 곳이
라고 했다. 나 역시 조용히 무릎을 꿇고 기도를 했다. 이곳의
초라함에 실망한 내가 몹시도 부끄러웠다. 로마로 가는 길,
바울은 이곳에서 겨울을 나고 따듯한 봄에 가기를 주장했지
만 선주와 선원들은 미항보다 크고 더 세련된 뵈닉스 항으로
가자고 주장했다. 아마 그때도 바울은 이곳에서 이 문제를
놓고 기도했을 것이다. 바울의 쉰 음성이 귓가에 들리는 것
같은 기분에 나는 다시금 눈을 감을 수밖에 없었다.

바울의 반대에도 많은 사람들이 겨울 지내기를 원했던 뵈닉스

그리스에서 26년을 사역하면서 크레타 섬은 두 번 다녀왔
다. 처음에는 미항까지만 갔다 왔다. 그러다 몇 해 전에 모 세
미나가 그리스 아테네에서 열렸다. 그리고 학습은 크레타 섬
의 연구였다. 마지막 포인트는 학자들의 여론이 너무도 분분
하여 아직 정확한 위치가 파악되지 않은 뵈닉스(피닉스)로 가
는 길이었다. 나는 이 일에 책임을 맡아서 가려다 포기했던
뵈닉스를 꼭 보기로 했다.

미항에서 뵈닉스로 가는 길은 구글 지도로 보아도 힘들어

보인다.

벽오동 심은 뜻은 봉황을 보자는데
어이타 우리 님은 꿈이었나. 안 오시뇨.

우리나라를 비롯하여 많은 나라의 전설에 나오는 불멸의 새 봉황(피닉스, phoenix)을 찾아서 뵈닉스로 가는 길은 멀었다. 이다 산 해발 2,400m를 넘는 봉우리에 걸린 구름들이 나의 마음을 흐리게 하였다. 굽이굽이 감도는 산등성을 감아타고 정상에서 바라보는 바다, 저곳인가 유라굴로(사도행전에 등장하는 광풍)가 뛰놀던 바다가…. 바닷물에 부서지는 햇빛의 잔해가 마음을 들뜨게 하였다. 속을 메스껍게 하는 오래된 배의 매연도 기대감에 무거운 마음을 토해내지는 못했다.

도착하여 걷기를 10여 분. 작은 교회당과 죽음을 간직한 공동묘지, 그리고 나타난 우리 님은 전설의 피닉스 새처럼, 허물어져 성한 것 하나 없지만 세월을 이긴 고목처럼 나름 자리를 잡고 있었다.

바울의 만류를 뿌리치고 사람들이 그토록 머물고 싶어 했던 뵈닉스는 초병의 눈초리가 느껴지는 워치타워를 중심으로 버려진 듯 널려 있는 오래된 도시, 분명한 봉황의 도시였다. 아무런 말 없이 나를 반기는 임에게 나는 내 마음에 벽오동을 심음을 이야기했다.

바울이 겨울 보내기를 원했던
니코폴리스

그리스 서해안에서 이탈리아로 가는 가장 빠른 항구는 이구메니차이다. 이곳에서 남쪽으로 약 90km 떨어진 곳에 사도 바울 시대에 사용하던 항구가 있다. 니코폴리스(성경에는 니고볼리), 승리의 도시라는 의미이다. 이곳의 본래 이름은 악티움이었다.

악티움

기원전 32년 안토니우스와 클레오파트라의 로마·이집트 연합군은 그들의 정적인 옥타비아누스의 군대와 운명을 건 대회전을 치르기 위해서 그리스의 남서쪽인 파트라에서 겨울을 보낸다. 이후 봄에 북진하여 암브라키코스 만 서쪽 악티움으로 사령부를 옮긴다. 암브라키코스 만은 큰 호수와 같은 형태를 가지고 있다. 외해(外海)인 이오니아 바다에서는 전혀 보이지 않고 가려진 곳이다.

기원전 31년 장군 마르쿠스 빕사니우스 아그리파가 이끄는 옥타비아누스 해군은 이곳 해전에서 클레오파트라와 안토니우스 해군을 격파시킨다. 옥타비아누스는 악티움에서 승리하여 로마의 유일한 지배자가 되었고, 마침내 로마 원로원에서 그에게 아우구스투스(Augustus)라는 칭호를 내린다. 이것은 줄리어스 시저가 그렇게도 원했던 공화정의 붕괴와 초대 로마 황제의 반열에 옥타비아누스가 오른 것이다. 이 악티움 해전의 결과는 약 300년의 프톨레마이오스 왕조의 멸망과 동시에 헬레니즘 국가의 종말이기도 했다. 새로운 로마 제국의 새로운 조직을 시작한 옥타비아누스는 작은 촌락인 악티움에 새로운 도시를 만든다. 로마군의 주둔지에 성벽을 쌓고 자신의 사령부로 사용하던 곳에 포세이돈 신전을 세우지만 나중에 포세이돈 신전은 옥타비아누스 신전으로 바뀐다.

헤롯과 니코폴리스

안토니우스와 클레오파트라의 도움으로 유대의 왕이 되었던 헤롯은 안토니우스의 요청으로 그의 군대도 이 해전에 참전시켰다. 하지만 헤롯은 유대에서 지진을 핑계로 군대를 회군시킨다. 전쟁 후 로도스에서 만난 옥타비아누스는 헤롯을 주종(主從)관계가 아닌 자신의 친구로 격상시켜주었다.

이에 감사한 헤롯은 옥타비아누스가 니코폴리스를 건설할 때 대부분의 금전적 지원과 가이사리아를 건설한 기술적인 지원까지도 아끼지 않았다고 유대사가 요세프스는 증언한다.

현재의 니코폴리스는 유적지가 남아 있지만 아주 작은 촌락에 지나지 않는다. 니코폴리스를 대신한 현대도시가 프레베자이다. 언제부터 이름이 바뀌었는지는 모른다. 아마도 그리스의 대부분 도시들처럼 지진과 말라리아로 인해 전염병이 발병해 남은 사람들이 그곳을 버리고 가까운 곳에 새로운 터전을 만든 것으로 보인다. 그래서일까, 프레베자에 대한 기록은 찾지 못했다.

그러나 세계 5대 해전으로 기록된 프레베자 해전을 통해서 이 지역의 중요성을 다시금 느낄 수 있었다. 바르바로스 하이렛딘 파샤가 주축이 되어 술탄 술라이만의 오스만 해군이 지중해로 진출을 하려고 했다. 위협을 느낀 기독교 세계는 교황 바오로 3세의 주도 아래 1538년 2월 로마교황령, 스페인, 제노바 공화국, 베네치아 공화국과 몰타 기사단이 참가해 '신성 동맹'을 조직하였다.

양측의 함대는 1538년 9월 28일 프레베자 근교에 있는 아르타 만에서 최종 교전을 벌였다. 한 치의 어긋남 없이 악티움 그 현장에서 1600여 년이 지난 후 지중해 제해 장악권을 놓고 다시 대해전이 일어난 것이다. 결과는 교황권의 패배였

니코폴리스의 극장 유적지

고, 40여 년 후 레판토 해전이 일어나기 전까지 지중해는 오스만의 해군과 해적의 놀이터가 되었다. 오늘날에는 암브라키코스 만에서 이오니아로 나가는 바닷가에 다리가 아닌 짧은 해저터널이 있어 프레베자라는 이름을 알리고 있다.

지금은 한국에서 목회를 하시는 바울신학의 대학자이자 목회자인 H 목사님의 부탁으로 아주 오래전 처음으로 니코폴리스에 다녀왔다. 처음 가는 길이었기에 물어물어 갈 수밖에 없었다. 마을 어귀에서 만난 노인은 우리 일행에게 마을 뒤쪽 동산으로 올라가보라고 했다. 작은 교회를 지나 야트막한 동산에 오르니 그곳에 옥타비아누스 신전 터가 있었다.

양을 몰고 온 어떤 사람이 이곳에 원래 악티움 해전 당시 옥타비아누스의 군사령부가 있었다고 알려주었다. H 목사님과 나는 동네 입구에 허물어져 가는 원형극장과 어쩌면 로마의 것보다 더 커 보이는 전차경주장 그리고 그곳에 어른 키만큼 자란 고사리와 잡초들이 경주하는 것을 바라보았다.

더 이상 찾아볼 유적이 없다고 생각한 우리는 집으로 왔는데, 한 달 뒤에 미국에서 H 목사님으로부터 사진 한 장이 도착했다. 니코폴리스의 엄청난 성벽과 많은 유적들이 담겨 있었다. 비잔틴 시대 유스티아누스의 대성벽, 초대 교회 건물들 중 음악당과 연극장, 데메트리우스 성당 그리고 알키소노스 성당 등의 건물 사진이었다.

나는 너무도 미안한 마음이 들었다. 미국에서 그리스까지 왔는데 눈앞의 엄청난 유적을 두고도 그냥 돌아갔으니, 지금 다시 생각해도 민망스럽다. 최근 그리스에 현장학습을 온 독일의 팀들과 다시 니코폴리스로 갔다. 그날 다행스럽게도 유적지 복원 작업을 하던 한 청년이 유창한 독일어로 우리 일행을 유적지 안으로 인도했다.

사도 바울에게 니코폴리스는 어떤 도시였을까? 한겨울을 지내고 그리고 다시 소아시아 지역과 마케도니아 지역까지 선교를 한 연구 기록들이 있다. 그리고 네로의 박해 때 로마가 아닌 니코폴리스에서 잡혀서 로마로 소환되었다는 논문들을 본다면 그리스 성지 중 중요한 지역임에는 분명한 사실이다. 짧은 그리스 여행의 일정상 대부분의 여행자들은 동해안 지역을 지나쳐 가기에 서쪽의 니코폴리스가 오랜 시간 잡초 속에 숨어 있었는지도 모르겠다. 이제 세상에 얼굴을 알리기 시작했으니 니코폴리스에서 문제 해결과 겨울나기를 원했던 바울의 마음처럼 이곳이 우리들의 문제를 해결하는 작은 쉼터가 되었으면 좋겠다.

그 때에 네가 급히 니고볼리로 내게 오라 내가 거기서 겨울을 지내기로 작정하였노라.(디도서 3장 12절)

에게해의 발코니
사모트라케

사도 바울이 사모트라케를 거쳐 간 일정은 사도행전 16장에 짧지만 분명하게 기록되어 있다. 그러나 나는 사모트라케를 그리스가 아닌 파리 루브르 박물관에서 먼저 만났다. 기원전 220년에서 190년 사이에 만들어진 그리스의 가장 대표적인 조각상 가운데 하나인 '사모트라케의 니케' 신상이다.

그리스의 어느 도시를 가도 작은 박물관에서 비슷한 조각들을 만날 수 있다. 그러나 이 승리의 여신상만큼은 예외다. 그리스 신화에 관심이 없어도, 사모트라케라는 섬을 몰라도 이 조각상은 누구나 알고 있다. 기원전 190년경, 로도스 사람들이 에게해에서의 전쟁 승리를 기념하며 세운 이 여신상은 원래 사모트라케에 세워졌다고 전해진다. 1863년 프랑스 영사이자 고고학자였던 샤를 샴푸아소가 그것을 발견했고, 12

년 뒤 루브르에 옮겨졌다. 지금은 그곳에서 수많은 사람들의 발걸음을 멈추게 하고 있다.

루브르 박물관에 전시된 사모트라케의 니케상

사모트라케 섬은 크레타나 산토리니처럼 이름난 관광지가 아니다. 그래서인지 찾아가는 길은 멀고, 배편도 드물다. 아테네나 테살로니키에서는 직항 배가 없어, 튀르키예 국경 도시 알렉산드루폴리에서 카마리오티사를 오가는 정기 여객선 '사오스 페리'에 올라야 한다. 두 시간의 항해 끝에야 비로소 사모트라케의 항구, 카마리오티사에 닿는다.

174

신화와 역사가 살아 있는 섬

사모트라케. 에게해의 북동쪽, 트라키아 바다 위에 홀로 떠 있는 이 섬은 마케도니아 동쪽 끝, 에브로스 지역에 속한다. 성경 속에서는 사도행전 16장에 잠깐 등장할 뿐이지만, 그 짧은 언급이 오히려 섬을 더 신비롭게 만든다.

섬의 중심에는 사오스 산이 있다. 1,611m에 달하는 봉우리는 북 에게해에서 가장 높은 산으로, 마치 섬 전체를 품어 안은 수호자처럼 우뚝 서 있다. 사오스 산의 품에 안긴 수도 호라는 원형극장처럼 산등성이에 자리 잡고 있다. 전통 석조 가옥들이 다닥다닥 붙은 좁은 골목, 작은 광장들, 그리고 절벽 위 해발 311m 높이에 세워진 성모 교회는 '에게해의 발코니'라는 이름 그대로, 방문객들에게 하늘과 바다를 동시에 품는 경이로운 장면을 선사한다.

사모트라케는 아직도 상업적 관광에 크게 물들지 않았다. 그래서일까. 파히아 아무 해변의 금빛 모래사장은 더욱 순수하게 빛나고, 고대부터 알려진 테르마 온천은 지금도 유황 향을 품은 채 건강과 치유의 쉼터가 되어 준다. 천연 노천탕에 몸을 담그면, 바다와 산이 한눈에 펼쳐지며 인간의 시간과 자연의 영원을 함께 느끼게 한다. 섬 곳곳에 흩어진 폭포와 깊은 협곡, 그리아 바드라의 맑은 물줄기는 이곳이 '야생 그대로의 낙원'임을 말해 준다.

사모트라케가 단지 아름다운 자연만을 간직한 곳은 아니

다. 이곳은 고대 그리스 종교의 가장 중요한 성지 중 하나였다. 바로 위대한 신들의 성소. 카베이로스 신비의식이라 불린 그 제의는 고대인들에게 생명과 죽음, 풍요와 구원의 비밀을 전해 준다고 여겨졌다. 전해지기를, 알렉산더 대왕의 부모인 필리포스 2세와 올림피아스가 처음 만난 곳도 바로 이곳의 신비의식 자리였다고 한다.

성경과 신화, 자연과 역사가 한데 만나는 땅, 사모트라케. 사도 바울은 복음을 전하러 가는 길에 이 섬을 잠시 스쳐 지나갔지만, 그의 발걸음은 오늘날까지도 섬을 바라보는 우리의 시선을 달리하게 만든다. 인간이 갈망하던 신비와 승리의 상징이 머물던 자리, 그곳을 지나간 복음의 발자취는 역사의 빛과 어둠을 넘어 지금도 우리에게 깊은 울림을 던진다.

사모트라케의 바울 흔적

여느 그리스 사람들처럼 음악과 춤추는 것을 좋아하는 이곳 주민들은 이들의 마을이 성경에 기록된 것에 대해서 큰 자부심을 가지고 있다.

우리가 드로아에서 배로 떠나 사모드라게로 직행하여 이튿날 네압볼리로 가고(사도행전 16장 11절)

사도 바울과 관계된 유적지인 사도 바울의 스타시디는 사모트라케 섬 북부 해안에 있는 고대 도시 팔레오폴리의 유적지 근처에 위치해 있다. 카마리오티사 항구에서 약 6km 거리이다.

그리스어 스타시디(Στασίδι)는 원래 교회당 안에 있는 목재로 만든 의자이다. 주로 성직자들이 앉는 자리이다. 보통은 수도원이나 정교회 성당 벽 쪽에 놓여 있는, 등받이가 높고 팔걸이가 있는 전통 의자이다. 그러나 사모트라케에서 말하는 스타시디는 다른 의미를 가진다. 이곳 전승에 따르면, 사도 바울이 제2차 전도여행 중 드로아에서 배를 타고 네아폴리스로 가는 길에 사모트라케 섬을 거쳤다. 이때 바울이 잠시 머물렀거나 설교를 했다고 전해지는 자리를 '사도 바울의 스타시디'라고 부르는 것이다. 실제로는 단순한 작은 기념비와 십자가 형태로 꾸며져 있으며, 오늘날은 아주 적은 소수이지만 기독교 순례자들이 들르고 있다.

철학과 수학 그리고 역사의 섬 사모스

오래전 나는 큰형님 같은 선배 부부와 함께 특별한 순례의 길을 떠났다. 그분은 요한계시록에 대한 책을 집필 중이었고, 우리는 그 성경의 배경이 된 소아시아 일곱 교회와 파트모스(밧모) 섬을 직접 밟아보기로 했다. 여정은 파트모스에서 시작되었다. 파트모스의 스칼라 항을 떠나 쾌속 여객선 돌핀 플라잉을 타고 사모스의 피타고라스 항에 도착했을 때, 제일 먼저 눈에 들어온 것은 고대 수학자 피타고라스의 동상이었다. 바다를 향해 서 있는 그의 동상은, 단순히 학문을 상징하는 기념물이 아니라 이 섬이 품어온 지혜의 전통을 보여주는 듯했다. 작은 항구 마을은 조용했지만, 그 속에 흐르는 평화로움은 결코 단순하지 않았다. 역사와 전설, 신화와 믿음이 뒤섞인 공기가 바닷바람에 묻어 있었다.

사모스는 고대 문헌 속에서 여러 이름으로 불린다. 샘이 많다는 뜻의 '이드릴레(εἰδύλλιον)'라 불리기도 했고, 풍부한 식생활 때문에 '멜람휠로스(Μελάμφυλλος)'와 '멜란테모스(Μελάνθεμος)'라는 이름을 얻기도 했다. 그러나 본래 이름인 '사모스'는 높은 산지를 뜻하는 어근 sama에서 비롯되었을 가능성이 크다. 실제로 섬 중앙에는 케르케테우스 산이 1,400m가 넘게 솟아, 섬 전체를 하늘과 이어주는 기둥처럼 서 있다.

전설에 따르면, 사모스라는 이름은 개척자 앙카이오스의 아들에서 비롯되었다고 한다. 그만큼 이 섬은 신화와 전승으로 빼곡하다. 페니키아인, 펠라스기인, 카리아인, 레레게스인들이 차례로 머물렀고, 도데카니사 제도의 일원으로서 에게해의 중요한 항해·무역 거점이 되었다. 기원전 7세기 무렵부터 와인과 도기를 수출하며 번영했고, 그 교역망은 이집트와 코린토스, 흑해까지 뻗어 있었다.

사모스 섬의 풍경

오늘날에도 사모스는 그 유산을 간직하고 있다. 헤라이온 (헤라 신전)은 유네스코 세계문화유산으로 지정되었고, 피타고라스뿐 아니라 천문학자 아리스타르코스, 철학자 에피쿠로스 그리고 전해지는 이야기로는 우화 작가 이솝의 고향이기도 하다. 이 작은 섬은 그 자체로 하나의 살아 있는 박물관이며, 동시에 숲과 포도밭, 바다가 어우러진 자연의 정원이다.

순례를 마치고 아테네로 돌아가려던 날, 예상치 못한 태풍이 몰아쳤다. 배는 사흘 동안 오지 않았다. 하루하루 항구에 나가 배가 들어오기를 기다렸지만 수평선은 텅 비어 있었고, 바람은 거세게 불었다. 처음엔 초조했다. 일정이 미뤄지는 것, 계획이 어그러지는 것에 마음이 불안했다. 그러나 시간이 흐르자, 그 기다림 속에 묘한 평안이 찾아왔다. 마치 하나님께서 일부러 우리의 발걸음을 멈추게 하신 것 같았다. 여행의 목적은 단순히 성지의 돌과 흙을 밟는 것이 아니었다. 기다림 속에서, 멈춤 속에서, 하나님의 뜻을 묵상하는 것이 더 깊은 순례임을 깨닫게 되었다.

사모스, 바울의 발걸음이 스쳐 간 섬

그 이튿날 기오 앞에 이르렀고, 그 다음 날 사모스에 대고, 또 그 다음 날 밀레도에 이르렀다.(사도행전 20장 15절)

짧디짧은 구절. 그러나 그 안에 바울의 발걸음이 스쳐 간 흔적이 담겨 있다. 사모스는 그가 머물러 설교한 곳도 아니었고, 교회를 세운 곳도 아니었다. 오순절 전에 예루살렘에 이르기 위해 서둘러 항해하던 길목에서 잠시 배가 들렀던 기착지였다.

잠시 스쳐 지나간 섬 사모스의 항구에 서서 바울의 배가 이 바다를 지나가는 모습을 상상했다. 그가 바라본 바다와 내가 바라보는 바다가 같았을까? 바울의 눈은 아마도 이 섬의 산맥을 먼발치에서 바라보았지만, 머릿속은 이미 예루살렘에 닿은 후 맞게 될 여정을 그렸을 것이다. 그의 마음은 여

유롭지 않았다. 오순절 전에 예루살렘에 도착하기 위해, 그는 에베소조차 들르지 않고 밀레도로 직행했다. 사모스는 잠시 발자국이 스쳐 간 곳이었다.

그러나 나는 그 '지나감' 속에서 묵상의 여지를 찾는다. 성경에 언급된 수많은 땅들 가운데, 어떤 곳은 교회가 세워지고 편지가 쓰인 자리였지만, 또 어떤 곳은 이렇게 한 줄의 기록으로만 남았다. 머무름이 없었기에 오히려 더 선명하게 드러나는 진리가 있다. 복음의 여정은 머무름으로만 완성되지 않고, 지나감 속에서도 하나님의 섭리는 이루어진다는 것이다.

바울이 사모스를 지나 밀레도로 향하던 길, 그는 이미 고별설교를 준비하고 있었다. 그 설교 속에 흐르는 눈물과 경고, 그리고 믿음의 당부는 오늘 우리에게까지 이어지고 있다. 사모스의 해안선은 그 설교를 향한 길 위에 있었고, 잠시 들러 스쳐 간 그 흔적조차 은혜의 경로였다. 사모스는 내 기억 속에 기다림의 섬으로 남았다. 고대의 찬란한 역사와 전설보다 더 깊이 내 마음을 흔든 것은, 태풍 속에 멈추어 선 그 사흘의 시간이었다. 돌아보면 그 시간은 결코 잃어버린 시간이 아니었다. 오히려 가장 값진 순례의 일부였다. 사모스의 숲과 포도밭, 바람과 바다는 내게 속삭였다.

"순례는 목적지에 다다르는 발걸음만이 아니라, 멈추어 기다리는 시간조차 하나님의 은혜의 길이다."

바울의 발길이 닿은 그리스의 섬
로도스, 코스, 가브도스

로도스 섬을 찾은 것은 내 생애 처음으로 크루즈 여행을 했을 때였다. 미국에서 우리를 방문한 일행과 우리 가족이 동행한 지중해 크루즈였다. 이 유람선은 그리스의 여러 섬을 거쳐 튀르키예까지 이어지는 일정이었다.

여행 전까지 나는 청년 시절에 보았던 영화배우 안소니 퀸(Anthony Quinn)이 주연한 〈나바론의 요새(The Guns of Navarone)〉에 등장하는 요새가 실제 로도스 섬에 있다고 굳게 믿고 있었다. 그래서 딸에게도 "이곳은 2차 세계대전 때 유명한 군사기지였어!"라며 자랑스럽게 설명했다.

그러나 현지 가이드는 내 생각을 살짝 바로잡아 주었다. "나바론의 요새는 실제 존재하는 장소가 아니라 가상의 섬을 배경으로 한 이야기입니다. 하지만 촬영지는 바로 이곳, 로도스가 맞습니다." 내 말이 반쯤은 틀리고, 반쯤은 맞은 셈이었다. 속으로 웃는 내 모습에서 로도스를 배경으로 한 이솝 우화가 생각났다.

"여기가 로도스(Ρόδος)다." 이 표현은 아이소포스(이솝)의 우화 「허풍선이 사나이」에 나오는 구절이다. 우화의 주인공은 아테네의 철인 5종경기 선수였다. 무능한 선수였던 그는 실력이 없어서 늘 조롱을 받고 살아왔다. 어느 날 여행을 다녀온 뒤 그는 자신이 다른 도시에서 이룬 '위대한 업적'을 이야기했다. 로도스 섬에서 올림픽 우승자들조차 못 해낼 만큼

기사들의 거리

의 엄청난 점프 기록을 세웠다고 주장하기 시작했다. '만약 못 믿겠으면, 그곳 사람들에게 물어보라'고 자신 있게 말하기도 했다. 그러자 곁에 있던 한 사람이 모래 위에 로도스라고 쓰고는 말했다. "자, 여기가 로도스다. 여기서 뛰어보라."

사실 로도스와 아무런 관계가 없는 말이지만 이 표현은 로도스를 상징하는 너무나 유명한 표현이 되었다. "말은 쉽지, 당장 증명해봐." 이제 로도스를 증명하려고 한다.

고대부터 전략적 요충지였던 이곳은 오늘날에도 도데카니사 제도의 행정 중심지이자 관광의 핵심지로 자리하고 있다. 도시는 크게 구시가지(Old Town)와 신시가지(New Town)로 나뉘는데, 중세 성 요한 기사단 시대의 흔적이 고스란히 남아 있는 구시가지는 1988년 유네스코 세계문화유산으로 지정되었다. 로도스의 구시가지는 유럽에서 가장 잘 보존된 중세 도시 중 하나이다. 14세기 성 요한 기사단이 도시를 요새로 재건한 것이다. 이곳은 당시 십자군 기사들의 동지중해 마지막 거점이었다. 시가지 안에는 기사들의 거리(Street of the Knights) 돌길을 따라 세워진 기사단의 숙소들이 마치 중세로 시간 여행을 온 듯한 분위기를 자아낸다.

약 4km에 달하는 두꺼운 성벽과 일곱 개의 문은 로도스를 강력한 요새 도시로 만들었다. 구시가지 바깥으로는 근대와 현대가 어우러진 신시가지가 펼쳐진다. 전설에 따르면 고대 세계 7대 불가사의 중 하나였던 로도스의 거상이 만드라키

린도스의 아크로폴리스

항구 입구에 세워졌다고 전해진다. 지금은 항구 입구 양쪽에 사슴 동상이 세워져 있다. 도시를 조금 벗어나 몬테 스미스 언덕에 오르면 고대 로도스 아크로폴리스의 흔적들이 남아 있다. 아폴론 신전의 기둥과 경기장, 그리고 극장이 여전히 이곳에 서 있다. 언덕 위에서 내려다보는 바다는 수천 년 전에도 지금처럼 푸르렀을까 하는 상상을 불러일으킨다.

신화와 바다가 만나는 마을, 린도스

린도스는 로도스 섬 동해안 크라나 곶에 자리한 전통 마을로, 로도스 시에서 약 55km 떨어져 있다. 하얀 집들이 언덕 비탈을 따라 층층이 늘어서 있고, 미로 같은 좁은 골목길과 자갈 모자이크로 장식된 작은 마당, 그리고 바다를 향해 열려 있는 창들은 그림처럼 어우러진다.

마을 위로는 웅장한 린도스 아크로폴리스가 솟아 있다. 정상에 오르면 남쪽 에게해와 성 바울 만의 옥빛 바다, 그리고 마을 전경이 한눈에 들어오며 숨이 멎을 듯한 풍경이 펼쳐진다.

린도스의 기원은 전설 속에 뿌리를 두고 있다. 태양신 헬리오스와 바다의 여신 로도스 사이에서 태어난 아들들이 세운 도시라는 이야기가 전해진다. 또 다른 전승에 따르면, 아르고스의 영웅 다나오스의 딸 50명이 이집트에서 건너와 아테나 신전을 세우며 마을을 세웠다고 한다.

고대에는 도리아인들이 이곳에 정착했고, 해상 무역과 식민지 개척으로 큰 번영을 누렸다. 린도스는 고대 일곱 현인 중 한 명인 클레오불로스, 세계 7대 불가사의 로도스의 거상을 만든 조각가 카리스, 그리고 스토아 철학을 로마에 전한 철학자 파나이티오스의 고향으로도 유명하다.

무엇보다 린도스는 세계 최초의 해양법 중 하나인 로도스 해상법이 탄생한 곳이다. 이 법은 선원과 선박, 해상 무역과 보험, 그리고 항해 중 발생하는 공동 위험에 관한 규정을 담고 있어 고대의 바다를 지배한 법전으로 불렸다.

린도스 아크로폴리스는 마치 역사의 타임캡슐 같다. 고대 그리스인, 로마인, 비잔틴, 성 요한 기사단, 오스만 제국까지 수많은 문명이 이 작은 언덕에 흔적을 남겼다. 아테나 신전의 기둥, 로마 시대 건축물, 비잔틴 성벽, 기사단 요새가 층층이 겹쳐져 하나의 거대한 역사박물관을 이룬다.

마을 중심에는 지금도 자동차가 들어올 수 없으며, 좁은 골목길을 따라 걷거나 당나귀를 타고 아크로폴리스까지 오르는 체험이 이곳만의 특별한 추억을 만들어 준다.

사도 바울은 제3차 전도여행을 마치고 예루살렘으로 돌아가는 길에 로도스 섬에 들렀다. 성경 기록에 따르면, 바울은 그리스 본토와 소아시아를 거쳐 예루살렘으로 가던 중 로도스에 잠시 머물렀다고 한다. 짧은 언급이지만, 그가 이 섬을 지나며 복음의 발자취를 남겼다는 사실은 로도스인들에게 큰 의미로 다가왔다.

성경에는 바울이 로도스에서 무엇을 했는지 구체적으로 기록되지 않았다. 그러나 현지의 전승과 교회 역사에 따르면, 바울은 로도스 시에 잠시 머물며 현지인들과 교제했을 가능성이 있다. 특히 린도스의 바울 만(灣)은 바울이 로도스에 도착한 장소로 전해지며, 지금도 작은 예배당(성 바울 교회)이 세워져 있다.

로도스는 예로부터 해양과 무역의 중심지였고, 바다의 여신 로도스와 태양신 헬리오스의 전설이 깃든 섬이다. 이 섬에 바울의 배가 닿았다는 사실은 그리스 신화와 기독교 복음의 세계가 만나는 상징적인 장면으로도 해석할 수 있다. 지금도 많은 순례자와 여행자들이 린도스의 성 바울 만을 찾는다. 푸른 바다와 고대 성채가 어우러진 풍경 속에서, 바울이 걸었 던 그 길을 떠올리며 기도하는 이들의 모습은 과거와 현재를 이어주는 살아 있는 신앙의 장면이다.

히포크라테스의 고향, 코스

우리가 그들을 작별하고 배를 타고 바로 고스로 가서 이튿날 로도에 이르고 거기서 바다라에 이르러….(사도행전 21장 1절)

성경은 단 한 구절로 사도 바울이 코스 섬(성경에는 고스)을 거쳐 간 사실을 기록한다. 머물렀다는 흔적도, 전도의 이야기 도 없다. 그러나 그 짧은 언급만으로 이 섬은 성경의 지도 위 에 새겨졌다.

배가 천천히 코스 섬을 향해 다가갈 때, 푸른 에게해 위에 떠 있는 하얀 집들과 오래된 성벽이 가장 먼저 시야를 채운 다. 햇살에 반짝이는 바다는 고요하지만, 그 속에는 수천 년 의 이야기가 겹겹이 쌓여 있다.

사도 바울도 이 바다를 건너, 저 항구에 발을 디뎠다. 그가 어떤 표정으로 이 섬을 바라보았는지, 누구를 만났는지는 알 수 없지만, 그는 분명 이 땅의 공기와 바람을 스쳤다. 오늘의 나는 그 발걸음을 따라 항구에 들어서며, 시간의 간격을 넘어 한 신앙인의 여정을 곁에서 느낀다. 성경 속 짧은 순간이 나의 발걸음 속에서 살아나는 듯하다. 코스는 단지 성경 속 섬으로만 머물지 않는다.

이곳은 의학의 아버지라 불리는 히포크라테스의 고향이다. 지금도 그의 이름을 딴 플라타너스 나무가 광장 한복판을 지키며 섬의 상징처럼 서 있다. 두껍게 뻗은 줄기와 넓은 그늘은 오랜 세월 동안 수많은 사람들의 만남과 대화를 품어 왔다.

신화 속 치료의 신 아스클레피에이온의 유적은 기원전 4세기 치유의 성소로, 병든 자들이 몸과 마음을 고치고자 모여들던 곳이다. 층층이 쌓인 단 위에서 내려다보는 바다는 황홀하다. 항구를 지키는 네란차 성은 중세 기사단의 요새로, 굳건한 성벽은 지금도 묵묵히 바다를 바라보고 있다. 또한 음악당, 체육관, 로마의 주택과 같은 로마 시대의 흔적들은 고대 사람들의 일상과 예술의 감각을 지금도 우리에게 전해 준다.

오늘날 코스는 섬 전체를 자전거로 누빌 수 있어 자전거의 섬이라 불린다. 항구에서 광장으로, 해변에서 유적지로 이어지는 길 위에서 여행자는 바람을 맞으며 섬의 리듬과 호흡을 함께한다. 바닷바람에는 소금기와 함께 올리브 향이 섞여 들어와 자연의 선물을 그대로 느끼게 한다.

가브도스, 바람과 추방의 섬

바람이 멎는 날, 지중해의 남쪽 끝에 서면 눈앞에 펼쳐지는 것은 한없이 이어지는 리비아해이다. 바다는 끝을 알 수 없을 만큼 깊고 푸르며, 그 수평선은 손에 닿을 듯 가까워 보이지만 사실은 도달할 수 없는 경계선일 뿐이다. 그 너머에는 또 다른 대륙이 있지만, 이곳에서 바라보면 그것은 언제나 신기루처럼 아득하게 멀리 있는 것처럼 느껴진다.

고대인들은 이 작은 섬을 칼립소의 섬이라 불렀다. 호메로스는 오디세우스가 바람에 휩쓸려 이곳에 표류했다고 서사시에 기록했다. 그렇다면 이 섬의 본래 이름은 오기기아(Ογυγία) 섬이다. 그 전설은 세월의 흐름을 거슬러 여전히 바다의 메아리처럼 울려 퍼진다. 사도 바울은 로마로 압송되던 길에 태풍 유라굴로를 만나 이곳 가브도스 섬(성경에는 가우다)에 피난했고, 이집트에서 온 성인들과 사도 요한 역시 바람에 떠밀려 이 섬에 도달했다고 전해진다. 16세기에는 오스만 튀르크의 바르바로사와 같은 해적들이 은신처로 삼았다. 미노아 시대의 유물과 도기들이 발굴된 사실은 이곳의 역사가 단순히 전설에 머무르지 않음을 말해준다. 가브도스의 땅과 숲과 바다는 신화와 역사와 전설이 뒤섞인 층위로 이루어져 있으며, 그 흔적은 지금도 섬의 구석구석에 남아 있다.

그러나 이 섬의 이름은 오랫동안 낭만보다 고통과 더 가까웠다. 사람들은 가브도스를 '악마의 섬'이라 불렀는데, 이는

가브도스 섬의 트리피티 해변

단순한 비유가 아니라 실제로 수많은 사람들이 이곳에 유형되어 고립과 굶주림, 그리고 질병 속에서 생을 이어가야 했던 현실 때문이다. 1930년대 그리스 메탁사스 독재 시절, 그리고 내전 중에 정치범과 노동운동가, 사상범으로 분류된 이들이 이곳으로 추방되었다. 그들은 풀과 나무 열매로 연명하며 버텨야 했고, 말라리아는 약도 의사도 없는 상황에서 이들을 쓰러뜨렸다. 외부와 이어주는 것은 한 달에 한 번 들어오는 작은 배뿐이었으며, 그마저도 날씨에 따라 닿지 못하는 경우가 많았다. 가브도스는 그들에게 감옥이자 망명지였고, 동시에 바다 위에 떠 있는 철창 없는 형무소였다. 사르키니코 해변의 모래 위에 남은 발자국은 단지 한때의 흔적이 아니라,

꺾이지 않은 의지의 증언이 되었다. 그것은 오늘날에도 파도에 씻기면서 결코 지워지지 않는다.

오늘날 가브도스를 찾는 이들은 해변에 누워 햇살을 즐기고, 향나무 숲 그늘에 텐트를 치고, 저녁이면 붉게 물드는 일몰에 매혹된다. 사르키니코와 트리피티 곶 같은 곳에서 여행자는 자연의 장엄함에 압도되며, 이곳을 여름의 낙원으로 기억한다. 섬에는 백 명 남짓한 주민이 산다. 이 섬의 한 명뿐인 경찰은 택시 기사를 겸하고 있다. 적은 주민들 때문에 여객선은 관광객이 모이는 한여름에만 운행한다.

하지만 가브도스는 단순히 유럽의 끝자락에 놓인 외딴 섬이 아니다. 이곳은 신화와 역사가 교차하는 장소이며, 인간의 존엄과 저항, 의지와 믿음이 증명된 공간이다. 신화는 역사가 되었고, 역사는 다시 전설이 되었으며, 그 모든 층위는 이 섬의 흙과 숲과 바다에 스며 있다. 오늘날의 여행자가 이곳을 찾을 때, 그들이 마주하는 것은 단순한 휴양지가 아니라, 인간의 힘과 약속, 그리고 꺾이지 않는 정신이 남겨놓은 가장 고귀한 보물이다.

로마로 압송되던 사도 바울은 폭풍에 휘말려 항로를 잃는다. 배는 거친 물살에 떠밀려 나아가다가, 마침내 크레타 남쪽의 작은 섬, 오늘날 지명은 가브도스라 불리는 가우다에 구사일생으로 도착했다.

가우다라는 작은 섬 아래로 지나 간신히 거룻배를 잡아 끌어 올리고(사도행전 27장 16절)

성경은 이곳을 가우다라 기록했지만, 세월은 이름을 바꾸었고, 전승은 이곳을 바울의 섬으로 남겼다. 그날 바울과 동행한 이들에게 가우다 즉 가브도스는 단순한 지리적 피난처가 아니었다. 파도와 바람에 잠식당하던 순간, 그 작은 섬은 하늘이 내린 마지막 방패처럼 서 있었다. 섬의 바위와 숲, 그리고 바람 부는 항구는 절망 속에서 꺼지지 않던 불빛이 되었고, 이후 사람들은 이 땅에 "사도 바울이 머물렀다"라는 기억을 새겨 넣었다.

신화와 역사, 그리고 믿음의 서사가 교차하는 곳 가우다는 그렇게 바람과 바다와 인간의 의지가 만나는 경계로 남았다. 끝없는 바다 위에서 한순간 숨을 고르게 해 주었던 땅, 가우다는 지금도 여전히 고난 속에서 빛을 잃지 않는 신념의 상징으로 서 있다.

천국의 비밀을 열어준 계시의 섬
파트모스

파트모스(성경에는 밧모) 섬은 에게해의 섬으로, 도네카니시의 최북단 섬이다. 가장 가까운 섬은 사모스이다. 그리스 본토보다도 튀르키예가 훨씬 가까운 곳이다. 파트모스는 작은 섬으로, 바위가 많고 대부분의 땅들은 불모지이다. 이 섬에 사람들이 살게 된 것은 고대 바다 건너 소아시아 지역의 라트모트 산에서 사냥의 신 아르테미스를 섬기던 사람들이 이 섬으로 이주하면서부터이다.

이후 로마시대에 와서는 정치범들을 수용하는 유배의 섬으로 사용된다. 이때 사도 요한이 이곳으로 추방당하면서 요한계시록을 기록하게 된다. 10세기까지 이 섬은 에게해의 대부분 섬들처럼 아랍 해적들에게 수없이 많은 약탈과 어려움을 겪는다. 11세기에 들어서는 이곳에 요한 수도원이 세워진다. 12세기와 13세기에는 베네치아를 중심으로 한 서구세력에 약탈을 당하게 된다. 1453년 5월 콘스탄티노플이 오스만 튀르크에 함락 당하자 많은 난민들이 이곳으로 피난을 온다. 이때 기존의 주민들과 난민들이 지금 파트모스 섬의 한 지역에 호라를 공동으로 세우게 된다.

앞서 말했듯이 불모지나 다름없는 이 섬에서 생활하기 위해서 주민들은 해상 운송업과 해상무역에 의지했다. 이 지역을 주도하던 튀르키예와 베네치아 사람들에게 일정한 세금을 지불하고, 그들의 마음을 사는 선물로 아슬아슬하게 평화와 안정을 추구할 수 있었다. 17세기에는 유명한 크레타 공방전(1645~1669) 20년 동안 베네치아 해군 기지로 사용된다.

파트모스 섬의 정경

전쟁이 끝날 무렵 파트모스 섬은 크레타와 함께 오스만에 점령당한다. 1770년 산업혁명 기간 동안 파트모스는 러시아에 의해 점령되었다. 당시 인구조사에 따르면 510가구, 인구 2,086명으로, 오늘날과 비슷한 수의 주민이 살았다고 한다.

1832년 7월 9일 콘스탄티노플 조약 이후, 파트모스는 오스만 제국으로 다시 복속된다. 1912년 이탈리아인들이 이 섬을 점령했고, 1943년 파시즘이 붕괴될 때까지 이탈리아 부속 섬으로 남아 있었다. 1947년 2월 10일 에게해의 모든 이탈리아 점령지와 함께 그리스에 통합된다.

슬픔의 역사보다는 천국의 비밀을 보여준 계시의 섬 파트모스

파트모스는 형벌과 유배의 멍에를 진 인사들이 찾아들었던, 그래서 버려진 섬이었으나 이제는 귀한 천국의 비밀을 간직한 동경의 공간이 되었다. 그러나 그 땅으로 가는 길은 그 옛날 로마 시대의 뱃길이나, 초고속 유람선이 취항하는 오늘이나 순탄치 않다.

아테네 외곽 피레우스 항구에서 약 열 시간의 밤 바닷길을 쉬지 않고 달려간 10층 높이의 카페리는 피곤한 닻을 잠시 동안 바다에 내려놓는다. 파트모스의 새벽은 배 안에서 느끼지 못했던 심한 바람과 파도소리로 옷 입고, 하품 속에 묻혀 있던 순례자의 남은 졸음을 순식간에 빼앗아버린다. 다시 보니 이곳은 망망한 바다에 떠 있는 손바닥만 한 땅이다.

섬의 남쪽에서 북쪽까지의 길이는 16km인데, 동서의 폭은 너무도 불규칙하고 비좁아서 높은 곳에서 내려다본 섬은 위태로워 보이기까지 한다. 섬의 중심부에 위치한 스칼라 항구에서 요한 수도원을 지나는 폭은 1km가 되지 않는다. 바쁘지 않다면 걸어서 섬을 충분히 돌아볼 수 있다.

요한과 그의 제자가 모자이크로 새겨진 요한
계시동굴의 입구

사도 요한 당시의 이곳은 중범죄를 저지른 사람들만이 유배되어 채석장에서 강제 노동으로 고통을 당했다. 여름날에는 물이 귀한 탓에 심한 갈증으로, 겨울날에는 가릴 것 없는 벌거벗은 섬이기에 유배된 죄수들과 이들을 지키는 로마군인 모두가 혹독한 추위로.

화산암으로 이루어진 이곳은 약간의 밀과 포도 정도가 재배될 뿐 다른 모든 물품은 외부에서 구입하여 사용한다. 지금도 상주인구 약 2천 5백 명의 주민 대부분은 순례자나 관광객을 상대로 한 업종에 종사하고 그 외에는 섬 중심에 있는 요한 수도원 외 스물일곱 개의 크고 작은 수도원의 수도자들 그리고 소수의 어부들이 전부이다.

가장 높은 곳에 위치한 요한 수도원은 1088년 성 크리스투스 둘로스가 동로마 제국 황제의 승인을 받아 아르테미스 신전 터 위에다 세웠다. 요한 수도원이라는 이름에 걸맞게 수도원 내부의 아이콘은 대부분 사도 요한의 사역과 생애가 그려져 있다. 오랜 시간이 흘러 그림들의 색은 흐려져 있지만 사도 요한의 신앙을 기리는 곳이기에 그의 신앙정신은 세월에 관계없이 지켜져 오고 있다.

요한 수도원에서 스칼라 항구로 내려오는 중턱에 사도 요한이 하나님으로부터 계시를 받은 요한 계시동굴이 있다. 동굴 입구에는 요한이 계시를 받아 불러주는 것을 그대로 기록하는 요한의 신실한 제자 푸로코로스와 요한에 대한 그림이

아름다운 모자이크로 묘사되어 있다. 로마시대 채석장이었
던 이곳은 동굴이라는 표현보다는 깊게 팬 바위 속이라는 표
현이 어울릴 것 같다. 곳곳에 순례자들이 피워 놓은 향불과
촛불들이 동굴 속의 모습을 여과 없이 비쳐주는 동굴 작은
예배실에서 조용히 기도해 본다.

3장
그리스인의 영혼 속을 걷다
철학과 축제 그리고 삶

알렉산더 그리고 아리스토텔레스

그리스에 사는 동안 아이들과 함께한 여행길에서 알렉산더 대왕의 이야기는 언제나 빠지지 않았다. 책과 다큐멘터리를 통해 익숙해진 그의 일대기, 그리고 열세 살 무렵부터 가르침을 받은 스승 아리스토텔레스의 이야기는 우리 가족의 오래된 관심사였다.

역사는 아이들에게도 낯설지 않았다. 만화와 이야기책으로 접했던 신화와 전설이 실제 유적과 이어질 때, 아이들의 눈은 더욱 빛났다. 마케도니아의 펠라 왕궁에서 교과서 속 바닥 모자이크를 직접 보았을 때, 아이들은 환호하며 사진을 찍었다. 글자로만 배우던 역사가 눈앞에서 살아난 순간이었다.

하지만 미에자 아카데미에 도착했을 때는 달랐다. 아이들은 기대했던 웅장한 건물도, 장엄한 기념비도 보이지 않아 아쉬움을 감추지 못했다. 눈앞에 펼쳐진 것은 오래된 붉은 흙 동굴의 흔적과 세워졌다가 사라진 기둥의 자취, 그리고 "여기가 바로 알렉산더와 동료들이 아리스토텔레스에게 배움을 받던 곳입니다"라고 적힌 작은 안내판 하나뿐이었다.

그러나 미에자는 단순한 폐허가 아니다. 왕 필리포스 2세가 어린 아들을 위해 마련한 특별한 배움터였다. 아리스토텔레스는 이곳에서 철학과 정치, 의학과 자연학, 그리고 문학과 예술에 이르기까지 방대한 지식을 가르쳤다. 더 나아가 세상을 바라보는 사고의 틀과 지적 태도를 심어 주었다. 훗날 알렉산더가 단순한 정복자가 아니라, 헬레니즘 문화를 전파한 인물로 기억되는 것은 아마 이 시기의 교육 덕분이 아닐까.

아리스토텔레스의 삶과 그의 철학

아리스토텔레스는 기원전 384년 테살로니키에서 동쪽 초입을 지나 30분 정도 거리에 위치한, 할키디키 반도 쪽으로 운전하면 만나게 되는 마을 올림피아다(Ολυμπιάδα)에서 태어났다. 그의 아버지 니코마코스는 마케도니아 왕궁의 궁정 의사로, 아리스토텔레스는 나이 들어 낳은 아들이었다. 아리스토텔레스는 일찍 부모를 잃은 후 형의 보호를 받으며 성장했다. 어려서부터 의학과 자연에 대한 관심을 키운 것은 아버지의 영향이었다.

열일곱 살 무렵 아리스토텔레스는 아테네로 유학하여 플

테살로니키에는 아리스토텔레스의 이름을 딴 광장에
그의 동상이 있다. 왼쪽 발가락을 만지면 성적이
오른다는 속설로 발가락만 반질반질하다.

라톤의 아카데미에 들어갔다. 무려 20년 동안 플라톤 곁에서
수학하며 철학자로 성장했지만, 스승의 사상과는 여러 차례
대립했다. 플라톤이 이데아라는 초월적 세계를 참된 실제로
보았다면, 아리스토텔레스는 형상과 질료의 결합 속에 모든
사물이 존재한다고 보았다. 진리는 감각 너머의 그림자가 아
니라, 구체적인 현실 속에서 드러난다는 것이다.

방법론에서도 두 사람은 달랐다. 플라톤은 수학적·추상
적 사유를 통해 진리에 접근하려 했고, 아리스토텔레스는 경
험과 관찰을 중시했다. 그래서 그는 "플라톤은 나의 스승이

지만, 진리는 플라톤보다 더 소중하다"라는 말을 남기기도
했다.

이러한 사상의 차이는 조선 성리학의 이황과 이이를 떠
올리게 한다. 퇴계 이황이 도덕적 본체와 원리를 강조한 것
은 플라톤의 초월적 이데아론과 닮아 있고, 율곡 이이가 현
실 세계의 작용과 실사구시(實事求是) 태도를 중시한 것은 아
리스토텔레스의 경험론과 닮아 있다. 그러나 이(理)와 기(氣)
가 결코 떨어질 수 없듯, 두 철학자의 사상 역시 서양 학문
발전의 양축으로 함께 작용했다. 관념론(Platonism)과 경험론
(Aristotelianism)은 서로 대립하는 듯 보이지만, 결국 서양 학
문의 기초를 함께 세운 두 기둥이었다.

아리스토텔레스와 알렉산더의 만남

기원전 5세기경 아테네에는 도편추방이라는 제도가 있었
다. 아테네 시민들이 특정 인물의 이름을 도자기 파편에 적
어 추방하던 제도였다. 아리스토텔레스 시대에는 이 제도가
없었다. 만약 있었다면 당연히 아리스토텔레스는 도편추방
을 당했을 것이다. 스승 플라톤이 사망하자 아리스토텔레스
는 아테네를 떠나 고향 근처로 돌아갔다.

아리스토텔레스는 마흔이 다 되어 가는 나이에 피티아스
와 결혼하여 레스보스 섬의 미틸리니에서 신혼을 보내고 있
었다. 그 무렵 마케도니아의 왕 필리포스 2세는 오랜 친구였

던 그를 불러 아들 알렉산더의 교육을 맡기고자 했다. 필리포스 2세는 아들을 혼자만 가르치지 않았다. 장군과 대신의 아들 중 또래들을 함께 모아 합숙 교육을 시켰다. 이는 훗날 알렉산더의 핵심 측근이 되는 동료 집단, 헤타이로이가 되었다. 한편 왕비 올림피아는 아들에게 "너는 제우스의 아들"이라는 신적 정체성을 심어주며, 영웅 헤라클레스의 후예라 믿게 했다. 알렉산더가 후일 카리스마 넘치는 영웅으로 자리매김하는 데에는 이같은 신비적 교육도 한몫했다. 하지만 필리포스 2세는 올림피아의 교육이 못마땅했다. 아들을 보다 이성적이고 체계적으로 키우길 원했다.

기원전 343년, 열세 살의 알렉산더는 미에자에서 아리스토텔레스를 만나게 된다. 그때부터 학사는 '아리스토텔레스 아카데미'로 불릴 만큼 유명해졌다. 알렉산더와 동료들은 철학, 문학, 수사학, 과학을 함께 배우며 성장했다. 이 시절 함께 배운 친구들은 훗날 제국의 기둥이 되었다. 헤파이스티온은 알렉산더의 가장 가까운 동료였고, 프톨레마이오스는 이집트에 왕조를 세웠다. 카산드로스는 마케도니아 왕위에 올랐고, 셀레우코스는 시리아·메소포타미아에 왕국을 세웠다. 리시마코스는 트라키아와 소아시아를 지배했다. 이들은 훗날 서로 제국의 주도권을 놓고 다투며 후계자 전쟁인 '디아도코이 전쟁'을 벌였고, 알렉산더의 죽음에 이들이 연루되었다는 의혹마저 남겼다.

아리스토텔레스와 알렉산더의 만남은 단순한 스승과 제자의 관계를 넘어선 사건이었다. 철학자와 장차 세계를 정복할 왕의 만남은 곧 헬레니즘 세계의 씨앗이 되었고, 함께 배운 동료들은 제국을 이끌어가며 인류 역사의 거대한 전환을 이끌어 냈다.

아리스토텔레스가 미에자에서 알렉산더와 헤타이로이들에게 전한 가르침은 플라톤식 이상주의보다는 한층 현실적이고 경험적인 것이었다. 그는 인간의 삶과 공동체, 정치와 윤리를 구체적인 현실 속에서 이해하고 실천하도록 강조했다. 이는 필리포스 2세가 아들에게 기대했던, 지도자로서 필요한 실용적 교육과 잘 맞아떨어졌다.

그는 알렉산더에게 호메로스의 『일리아스』를 여러 차례 읽게 하며 영웅 아킬레우스를 본받도록 독려했다. 실제로 알렉산더는 원정길에도 이 책을 늘 곁에 두었다. 또한 그리스의 비극 문학과 수사학을 통해 감정의 절제와 도덕적 통찰을 배우게 했으며, 철학적 훈련을 바탕으로 덕, 절제, 용기와 같은 지도자의 미덕을 강조했다. 아리스토텔레스에게 정복자는 단순히 힘으로만 사람을 다스리는 존재가 아니라, 도덕적 모범으로도 이끌어야 하는 존재였다.

그의 철학의 핵심은 목적과 행복이었다. 모든 존재는 어떤 목적을 향해 나아가며, 인간의 궁극적 목적은 단순한 쾌락이 아니라 탁월한 삶, 즉 이성적 존재로서의 행복이라고 보았다. 이를 이루는 길은 과잉과 결핍을 피하고 균형을 찾는 '중용'에 있었다. 훗날 그의 윤리학은 아들의 이름을 붙여 니코마코스 윤리학이라 불리게 되었다. 정치 또한 자연스럽게 윤리학의 연장선으로 이해되었고, "인간은 정치적 동물"이라는 그의 말은 오늘날까지도 회자된다. 한국에서는 한 정치인이 '정치는 생물'이라고 언급하기도 했다.

아리스토텔레스는 자연 세계에도 깊은 관심을 두어 의학, 지리, 동식물에 대해 제자들과 함께 탐구했다. 알렉산더는 원정마다 학자들을 대동하여 정복지에서 다양한 자료를 수집했고, 그것을 꾸준히 스승에게 보내주었다. 이 협력 덕분에 아리스토텔레스의 학문 체계는 더욱 풍성해질 수 있었다.

이러한 교육을 받은 알렉산더는 정복지의 문화를 존중하며 융합을 추구했고, 동시에 그리스의 철학과 제도를 널리 전파하여 헬레니즘 시대의 토대를 마련했다. 알렉산더의 업적 뒤에는 언제나 스승 아리스토텔레스의 가르침이 함께 있었다. 성장기 시절 부친과의 갈등 역시 좋은 스승의 가르침으로 잘 이겨내었다.

알렉산더의 동방원정과 죽음

기원전 336년, 아버지 필리포스 2세가 암살당했을 때 알렉산더는 겨우 스무 살의 청년이었다. 그는 갑작스레 왕관을 쓰게 되었지만 그 어깨 위에는 단순한 왕국의 통치가 아니라 그리스인들의 오래된 숙원, '페르시아에 대한 복수'라는 시대적 사명이 얹혀 있었다. 전쟁의 불길 속에서 자란 젊은 왕은 곧 군대를 이끌고 동쪽으로 향했다.

그의 원정은 기원전 334년, 소아시아의 그라니코스 강에서 시작되었다. 첫 승리의 환호는 마치 그의 운명을 예고하는 듯했다. 이수스 전투에서 다리우스 3세를 몰아낸 순간, 알렉산더는 더 이상 마케도니아의 젊은 왕이 아니었다. 그는 아시아의 주인이자, 세계를 품으려는 정복자가 되어 있었다.

고대 페니키아의 도시 티레의 완강한 성벽을 무너뜨리고, 나일강의 햇살 아래 신으로 추앙받았을 때, 그는 스스로의 이름을 빌려 새로운 도시, 알렉산드리아를 세웠다. 인간의 이름이 도시가 되고, 문화가 되고, 역사가 되는 순간이었다.

기원전 331년, 가우가멜라 전투에서 다리우스 3세가 다시 무너졌다. 그날 이후 페르시아 제국은 더 이상 존재하지 않았다. 불타는 페르세폴리스의 궁전 속에서, 알렉산더는 승리의 황홀과 함께 문명의 무게를 느꼈을 것이다. 그는 단순히 적을 무너뜨린 것이 아니라, 한 시대를 끝내고 새로운 시대를 열고 있었다.

그는 박트리아(Bactria)까지 다리우스의 잔당을 추격했고, 그 과정에서 록사나(Roxana)를 만나 사랑에 빠졌다. 전장의 냉혹한 칼날 사이에서도 사랑과 화해를 택한 이 젊은 정복자는, 현지 귀족들을 받아들이며 동서 융합의 새로운 길을 열었다.

기원전 326년, 알렉산더는 인더스 강을 건너 인도의 비바람 속에서 다시 칼을 빼 들었다. 히다스페스 강 전투에서 승리했지만, 그토록 충직했던 병사들은 더 이상 그의 꿈을 따라갈 수 없었다. "이제 돌아가자." 그들의 피로 어린 외침 앞에서, 알렉산더는 마침내 전진을 멈췄다. 그 순간 그는 정복자이기 전에 인간이었다.

귀환 후, 바빌론에서 제국을 정비하던 그는 돌연 병에 쓰러졌다. 기원전 323년, 아직 32세 젊음 속에서 그는 세상을 떠났다. 원인이 무엇이든, 그의 죽음은 너무나도 갑작스럽고 비극적이었다. 누구도 준비되지 못한 이별이었다.

알렉산더의 제국은 곧 분열되었다. 하지만 그의 정복이 남긴 흔적은 단순한 영토가 아니었다. 헬라 문명과 오리엔트 문명이 만나서 섞이고, 그 만남 속에서 헬레니즘 문화라는 찬란한 꽃이 피어났다. 알렉산더는 짧은 생애 동안 누구보다 멀리 걸었고, 누구보다 크게 꿈꾸었다. 그가 세상을 떠난 뒤에도, 그의 이름은 여전히 '세계를 품으려 했던 젊은 왕'으로 남아 역사의 심장 속에서 살아 숨 쉬고 있다.

알렉산더가 동방원정으로 출정한 후에 아리스토텔레스는 아테네로 돌아와 자신의 학당 리케이온을 세우고 제자들과 함께 체계적인 연구를 시작했다. 이 시기가 흔히 아리스토텔레스의 전성기로 여겨진다. 리케이온(Λύκειον)은 아폴론 리키오스(Ἀπόλλων Λύκειος, 늑대의 신 아폴론) 신전의 한 부분이었던 체육관의 이름에서 유래한다.

이때 그는 방대한 저술 활동을 하며 논리학, 형이상학, 정치학, 윤리학, 시학, 자연학, 생물학 등 여러 학문 분야의 체계적인 기초를 마련했다. 항상 제자들과 함께 걸으면서 강의를 하고, 연구한 모습 때문에 그의 학파를 '걷는 사람들'이라는 뜻의 페리파토스 학파(Περίπατος, 산책 학파)라 불렀다.

기원전 323년 알렉산더 대왕이 갑자기 사망하자 아테네에서 반(反)마케도니아 정서가 크게 일어났다. 아리스토텔레스는 마케도니아 출신이었기 때문에 정치적 위험에 처하게 되었고, 결국 아테네를 떠나 에비아 섬의 할키다로 피신한다. 그곳에서 기원전 322년 62세의 나이로 세상을 떠났다. 전해지는 기록에 따르면 위장병으로 사망했다고 한다.

오늘날 미에자 아카데미아는 나우사 근처, 레프카디아 마을에 자리하고 있다. 그리스인들에게 '레프카디아'라는 이름은 풍부한 물과 온천으로 유명한 곳을 떠올리게 한다. 실제로 여름의 무더위 속에서도 미에자에 들어서면, 누구든 발을 담그고 싶어질 만큼 맑은 물이 유적지를 휘감아 흐른다. 오래된 기둥과 동굴의 흔적은 폐허가 아니라, 요정들이 숨 쉬는 듯한 신비로운 공간이 되었고, 소년들의 웃음과 땀방울이 배어 있는 배움의 터전으로 내 눈앞에 되살아난다.

신화와 비극에는 카타르시스가 있다

언론에서는 사회에서 일어나는 각종 끔찍한 범죄를 두고 '비극' 또는 '비극적'이란 단어를 사용한다. 오늘날 사용되는 '비극'은 고대 그리스 작가들이 사용했던 '비극'과 같은 의미일까? 하긴 그리스 작가 소포클레스는 상상할 수도 없는 신화를 무대극으로 만들어 아테네인들을 공포 속에서 고민하게 만들긴 했었다. 그리스에서도 자연 재해 등 끔찍한 피해가 발생하면, 뉴스 자막에는 '비극'이라는 단어를 쓰기도 한다.

매년 그리스에 여름이 오면 시내의 극장과 대중 관람시설은 찾는 사람이 없기에 문을 닫는다. 대신 야외에 극장을 열거나 가까운 유적지의 원형극장에서 한밤 공연을 연다. 예로부터 내려오는 더운 날씨 탓이기도 하리라. 오래된 유적지 안의 원형극장에서 달빛과 조명이 고대 그리스 비극을 공연하는 공연자를 비추면 관객들은 모두 연극에 취하게 된다. 과

고대 그리스 도시 에피다우로스에 세워진 원형극장으로
유네스코 세계유산이다.

거와 현실을 구분 짓기 어려운 상황에서 예로부터 내려오는 '착하게 살자'라는 비극의 카타르시스($\kappa\acute{\alpha}\theta\alpha\rho\sigma\eta$)를 느끼는 것이다.

고대부터 지금까지 전해져 오는 그리스 문학은 호메로스의 『일리아스』를 상징하는 서사시와 올림피아의 영광을 노래하는 핀다로스의 서정시가 있다. 서사시, 서정시와 더불어 비극의 작품들이다. '그리스 비극 3대작가'로 불리는 아이스킬로스, 소포클레스, 에우리피데스는 32편의 비극을 남겼다고 전해지지만 대부분 불타고 현재는 몇 편만이 남아 있다.

그리스어로 비극은 '트라고디아($\tau\rho\alpha\gamma\omega\delta\acute{\iota}\alpha$)'라고 한다. '염

소(τραγως)’와 ‘노래(Ode)’ 두 단어가 합쳐진 것이다. 현대 그리스어로 ‘트라구디아(τραγουία)’는 노래라는 뜻이다. 가수는 ‘트라구디스티스(τραγουδιστής)’라고 부른다. 트라고디아가 ‘염소들의 노래’라는 뜻이기에 그리스 신화 속 술의 신 디오니소스, 라틴어로는 바쿠스와 연관을 짓는다. 신화는 그가 어릴 때 염소의 모습으로 지낸 적이 있다고 한다. 즉 비극, 트라고디아는 디오니소스 신에게 바치는 제의로서의 노래라는 의미다. 기원전 5세기경 아테네에서 디오니소스에게 바쳐진 무대극으로부터 비극은 시작되었다.

제2차 그리스-페르시아 전쟁에서 대승을 거둔 아테네는 로도스 섬에서 델로스 동맹을 맺고 최고의 시대를 누렸다. 비극은 아테네 사람들이 그들과 적대 관계에 있던 지역에서 펼쳐지는 인간의 어리석음과 교만함, 저주와 몰락들이 주 소재였다. 아테네가 스파르타와 30년 전쟁에서 패한 후 주도권을 빼앗기는 시점까지 유지되었다.

비극은 그리스 신화 속에서 소재를 가져온다. 그렇기에 ‘신들이 지배하는 세상에서 인간은 어떻게 살아야 하는가’ 하는 것이 비극의 근본적인 요소다. 그래서 작가들은 신들의 힘이 작용하고 있다는 점을 분명하고도 극적으로 드러내어야만 했다. 비극은 앞서 말한 3대 비극 작가들에 의하여 그 체계가 정립되었고, 오늘날까지 공연 문화 형식에 큰 영향력을 끼치고 있다.

플라톤은 비극이 최고의 대중적 지지와 인기를 누리더라도 이데아적인 현실을 왜곡한다면 비극은 없어져야 한다고 주장했다. 그러자 아리스토텔레스는 스승에게 반박한다. 비극의 공연은 아테네 사회를 안정시키는 기능과 개인적으로 극한 상태의 감정을 순화시키는 데 필요하고, 이 순화적 요소를 그는 카타르시스라고 했다. 플라톤은 개인의 감정을 이데아보다 중하게 여기지 않았지만 아리스토텔레스는 비극의 행위로 나타나는 표현 속에 인간의 성격이 투영됨으로 이것은 인간이 살아가는 데 중요한 요소라고 생각했다.

아리스토텔레스는 비극이 왜 서사시보다 우월한지를 그의 저서 『시학』에서 설명한다. 6장에서 "비극의 요소는 귀한 행동의 재현이다. 사람들에게 기쁨을 주는 언어를 각기 작품의 종류대로 사용하여, 관객들에게 일방적으로 나열하는 형식이 아닌 한편의 연극을 보는 것처럼 하여 연민과 두려움을 통해 이와 같은 감정의 카타르시스를 실현하게 한다."라고 말한다.

아리스토텔레스는 소포클레스의 「오이디푸스 왕」을 최고의 비극 작품으로 꼽았다. 후대 사람들은 그리스어 '오이디푸스 티라노스'라는 말보다 '오이디푸스 렉스(Oedipus Rex)'라는 라틴어를 더 사용했다. 그리고 정신분석학자 프로이트는 이 신화에서 '아들이 아버지를 적대시하고 어머니를 좋아하는 무의식, 즉 남자 아이가 어머니에 대한 본능적이고 배타적

인 사랑'을 의미하는 '오이디푸스 콤플렉스(Oedipus complex)'
란 개념을 도출해내어 비극과 신화를 모르는 사람들에게도
널리 알려지게 되었다.

비극의 대표적 인물 오이디푸스

그리스 신화에 등장하는 영웅 오이디푸스는 코린토스의
왕자이자 테베의 왕이다. 테베의 라이오스 왕과 이오카스테
왕비의 친아들이자 코린토스의 폴리보스 왕과 메로페 왕비
의 양자이다. 그리스 신화 속에서 가장 불행한 인물이자 유
명한 영웅 중 한 사람이다.

델피의 신전에서 아버지 라이오스 왕은 오이디푸스가 아
버지를 죽이고 어머니와 결혼한다는 신탁을 받았다. 라이오
스 왕은 이후 낳은 아들을 신하에게 넘기며 아기를 죽이라고
했다. 차마 아기를 죽이지 못한 신하는 아기의 발을 묶어서
짐승들이 다니는 길에다 아기를 버렸다. (이 부분은 신화에 많
이 등장하는 내용이기도 하고 여러 버전이 있다. 그리스 중 · 고등학교
에서는 신화의 여러 버전을 가르치기도 한다.) 여러 버전 가운데서
소포클레스의 비극에 따르면, 아기가 없던 코린토스의 왕 폴
리보스와 메로페에게 입양되어 출생의 비밀을 모른 채 성장
한다. 발견 당시 아기의 발이 부어 있어서 그의 이름은 '부은
발'이라는 뜻의 오이디푸스가 된다.

장성한 오이디푸스는 코린토스 왕으로부터 꾸짖음을 당한

후 술에 취한 왕족 중 한 사람으로부터 "너는 왕의 친자가 아니다."라는 말을 듣는다. 당시 가장 용한 델피로 가서 자신의 출생을 알아보기를 원했지만 신탁은 질문과 다른 답을 준다. "너는 너의 아버지를 죽이고 너를 낳은 어머니와 동침한다." 충격을 받은 오이디푸스는 자라온 코린토스를 떠난다.

친부인 라이오스 왕은 자신이 버린 아들이 어떻게 된 것인지를 알기 위해 신탁을 받으려고 가던 중, 좁은 길에서 그가 버린 아들 오이디푸스와 마주친다. 서로 길을 비켜달라는 시비 끝에 오이디푸스는 상대가 누구인 줄 모르는 상태에서 라이오스 왕과 그의 신하들을 죽이고 만다. 왕의 마부만 살아서 도망을 갔다.

오이디푸스는 테베에 이르자 '지나가는 사람들을 불러 수수께끼를 낸 후, 답을 맞히지 못한 사람들을 죽이는 스핑크스를 제거하는 사람에게 왕국과 왕위를 주고 과부가 된 왕비를 그의 아내로 준다'는 소식을 듣고 스핑크스를 찾아간다. 오이디푸스가 그동안 아무도 풀지 못한 스핑크스의 수수께끼를 알아내자 스핑크스는 수치심에 못 이겨 절벽에서 자살을 한다. 이 수수께끼는 우리가 너무도 잘 아는 "아침엔 네 발, 점심엔 두 발, 저녁엔 세 발인 것은?"이다.

테베의 영웅이자 왕이 된 오이디푸스는 여전히 아름다운 그의 어머니 '이오카스테'와 결혼하여 폴리네이케스와 에테오클레스 쌍둥이 형제와 안티고니, 이스메니를 낳고 행복한 결혼생활을 이어갔다. 하지만 오이디푸스에게 임한 모든 예언은 실현되었다. 그는 덕과 선정으로 통치하여 테베를 풍요한 나라로 발전시켰다.

어느 날 전염병이 테베를 뒤덮기 시작하여 많은 사람들이 죽자 왕비의 오빠, 즉 자신의 친 외삼촌인 크레온을 델피에 보내어 해결책을 찾기를 원했다. 내려진 신탁은 "라이오스 왕을 죽인 살인범이 테베를 떠나지 않는 한, 전염병은 사라지지 않는다."였다. 오이디푸스는 선왕을 죽인 살인자를 찾으면 그의 눈을 멀게 하겠다고 다짐을 한 후, 장님 예언자 테이레시아스를 통해서 살인자를 찾기 시작한다. 결국 왕을 죽인 사람이 자신이라는 것이 드러난다. "누군가 자신의 아버지를 살해하고 어머니와 결혼한 근친상간을 저질렀기 때문이다." 오이디푸스의 어머니이자 아내인 이오카스테는 이것이 자신의 이야기임을 알고 진실 앞에 힘들어하다 결국 목을 매 자살한다. 이오카스테의 죽음 앞에 절망하던 오이디푸스는 약속대로 자신의 두 눈을 뽑아 장님이 된다. 실명한 오이디푸스는 왕위를 크레온에게 이양하고 두 딸(안티고네, 이스메네)과 함께 떠돌아다니며, 가는 곳마다 패륜아라며 사람들로부터 갖은 모욕을 당하다 죽었다고 한다.

왜 오이디푸스는 이렇게 죽어야 했을까? 그리고 왜 이 죽음에서 아리스토텔레스는 카타르시스를 느낀다고 했을까?

아리스토텔레스는 비극의 내용보다 비극에 대한 관객의

반응을 중요하게 생각했다. 관객들에게 영향을 주고 카타르시스를 주는 것이 무엇이냐가 아니라, 어떻게 전달했는지를 중요하게 생각했다. 사람들은 오이디푸스와 같은 비극의 주인공이 될 수 있다는 점에 두려움을 느낀다. 그리고 오이디푸스에게 깊은 연민을 느끼기도 한다. 비극을 통해 두려움과 연민을 느낀다면 그는 안정됨(카타르시스)을 누릴 수 있고, 결국은 카타르시스를 통해서 즐거움을 느낀다고 보았던 것이다.

아리스토텔레스는 카타르시스라는 단어를 정의할 때 이미 사용되고 있었던 한 단어를 가져온다. '카타르마'라는 이 말은 당시 신에게 드리는 제물 중 쓸모없는 불순물 등을 일컬었다. 버려도 아깝지 않은 존재들이 '카타르마'였다. 현대 그리스어는 버리는 물건을 '페타마(πετάμα)', 버린다라는 말은 '페타오(πετάω)'라고 한다. 이 단어들은 '카타르마'의 변형이다. 쓸모없는 것들, 즉 '카타르마'는 희생제의에서 선택된 인간 제물을 지칭하는 용어로 사용됐다.

'카타르마'와 같은 의미의 '파르마코스(φαρμακως)'는 고대 그리스(기원전 8세기~5세기)에서 전염병이나 기근, 외세의 침입, 내부 불만으로 인한 갈등과 재앙이 왔을 때, 사회를 안정시키는 행위로 인간 희생제물을 의미한다. 파르마코스는 그리스 내부에 위기가 왔을 때마다 희생양 목적으로 관리했던 제의적 인간 희생양들이었다.

‘파르마코스’를 직역하면 제대로 사용할 경우 약이 되고 오남용할 경우 독이 된다는 의미이다. 오늘의 약국을 ‘파르마키오(φαρμακείο)’라고 부르는 이유이다. 그러나 당시 널리 쓰였던 의미는 ‘인간 희생양’이다. 희생을 당하더라도 보복의 위험이 없는 부랑자, 장애인, 가난한 자들 가운데서 선택하였다. 르네 지라르는 “파르마코스는 어떤 불확실한 인간의 ‘죄악’을 대신하는 속죄양이 아니라, 집단 내부에 잠재되어 있는, 언제든지 폭력의 악순환으로 이어질 수 있는 실제적인 폭력을 상징적인 폭력으로 해소하는 역할을 떠맡은 희생물이다.”라고 했다.

신화와 비극은 끝없는 카타르시스를 요구한다. 로마제국 역시 폭력적인 피의 카타르시스로 정치를 해왔다. 황제들은 콜로세움에서 검투사들의 피로 정치에 불만인 사람들의 정신을 정치가 아닌 다른 곳으로 돌렸다. 로마법으로 죽여도 죄가 되지 않았던 존재인 ‘호모 사케르(homo sacer)’ 즉, 초기 기독교인들처럼 힘없고 아무 때나 죽일 수 있었던 자들의 희생으로 로마 시민들은 카타르시스를 느꼈고, 로마제국은 안정(Pax Romana)을 누렸다.

오디세우스와 노스텔지아

12월이 오면 대도시를 비롯하여 작은 마을 단위에 이르기까지 성탄절 장식이 광장과 도로변 가로수에 지역의 특징을 살려서 설치된다. 그리스에는 크리스마스 트리 외에도 독특한 조형물이 성탄절에 등장한다. 아테네의 신타그마 광장과 테살로니키의 아리스토텔레스 광장을 비롯하여 작은 촌락의 마당에도 해마다 등장하는 것은 전구와 여러 장식품으로 장식한, 돛을 단 배의 형상이다.

그리스는 400여 년이 넘도록 오스만 튀르크의 지배 아래 있었다. 점령자들이 원하지 않는 성탄절 장식을 대신하여 등장한 것이 배였다. 그리스 신화 속에서 배를 타고 간 인물들은 모두가 이기고 돌아왔다. 가혹한 탄압 속에서도 꿈꾼 해방과 승리의 상징인 배가 오늘날까지 성탄의 계절에 등장하는 것이다.

그리스 성탄절에 등장하는 화려한 전구 장식 돛단배

그리스 인구는 천만이 조금 넘는다. 땅덩어리는 대한민국의 1.5배인데 인구는 생각보다 적다. 그리스인의 절반이 넘는 사람이 해외에 살고 있다. 십여 년 전의 IMF 사태는 그리스의 많은 젊은이들을 중동이나 유럽의 여러 나라에 살게 만들었다.

오래전부터 가난에서 벗어나고자 그리스 집안 사람들 중 한둘은 미국이나 호주로 떠났다. 이들이 보내주는 돈은 가족의 생활을 이어가게 했다. 우리가 어려서부터 읽고 자란 그리스 신화 속에는 이아손, 아이네아스, 안티고네, 오디세우스 등이 나온다. 이들은 어려운 상황 아래 고향을 떠나 타국에서 생활했다는 공통점을 지니고 있다. 그들은 자신이 원해서

가 아니라 타의에 의해 또는 신탁에 따라 먼 길을 가야만 했다. 고통 중에, 때로는 전쟁에 패해서 떠났기에 그들이 당하는 어려움에는 말할 수 없는 아픔이 있었다.

옥타비아누스 시대의 로마시인 베르길리우스의 서사시 「아이네아스」에서 아이네아스는 전쟁에 패한 트로이 사람들을 이끌고 카르타고와 라티움 등을 떠돌다가 카르타고의 여왕 디도와 깊은 사랑에 빠진다. 그러나 그는 삼니움으로 가라는 신탁 앞에 디도의 처절한 사랑을 뿌리치고 로마 건국을 위해 떠난다. 실연의 상처를 이기지 못한 디도는 스스로 장작 위에서 자신을 태움으로써 떠나간 사랑의 배신에 저항했다. 그렇게 사랑했던 디도를 두고 삼니움으로 간 아이네아스는 로마 건국의 시조가 되는 로마누스를 낳는다.

신화이든지 현실의 이야기든지 고국을 떠나서 유랑길에 나선 사람들은 삶에서 더욱 몸부림을 칠 수밖에 없다. 고향에서는 일상적이고 자연스런 의식주 생활이지만 타국에서는 일상적인 삶 자체가 고통을 수반한 투쟁이기 때문이다. 언제 고향으로 갈 수 있을까라는 그리움과 표현할 수 없는 아픔이 삶 속에 차오를 때 고향에 대한 그리움은 병으로 나타난다. 그리스인들은 이 아픔, 고향에 대한 그리움을 '노스토스(Νόστος)'라고 한다.

나도 이곳 그리스에서 오래 살고 있지만, 가끔은 그 어느 무엇으로 채울 수 없는 심적인 공허함에 빠지곤 한다. 마음이 답답할 때 가족 외에는 속 시원히 말할 수 있는 이웃이 없는, 지난 시간과 고향에 대한 그리움을 체념 속에 묻고 살아 왔다. 사역자로서 방향성을 잠시라도 망각한다면 결국 정체성을 잃어버리게된다는 것이 두려웠다. 아마 이런 감정은 고국을 떠나 타국에서 사는 사람들 모두가 느끼는 공통점일 것이다.

다시 신화의 이야기 속으로. 호메로스의 서사시 「일리아스」는 트로이와의 10년 전쟁 중 마지막 천 일간의 이야기이고, 「오디세이아」는 전쟁 이후 귀향 이야기이다. 오디세이아는 트로이 전쟁에 참여하여 뛰어난 활약을 펼쳤다. 영웅 아킬레우스가 전사한 후부터 그의 활약이 두드러지기 시작했다. 오디세이아는 아킬레우스 사후 가장 용감한 병사가 되어 아킬레우스의 투구와 갑옷을 물려받는다. 지혜롭고 총명한 그는 '트로이 목마' 계략으로 트로이를 함락시킨다. 그는 금의환향 길에 오르지만 오랜 시간 동안 고향에 가지 못하고 여러 어려움에 빠지게 된다.

먼저 폭풍우에 밀려 '로토파고스'라는 섬에 표류한다. 이 섬에서는 고향을 잊게 해주는 '로토스'라는 식물에 취한 부하들 때문에 곤란을 겪는다. 어느 섬에서는 바다의 신 포세이돈의 아들 외눈박이 거인 키클롭스를 죽이고 우여곡절 끝에 살아 나온다. 이 사건으로 오디세우스는 많은 신들로부터 미움을 받게 된다. 포세이돈의 미움을 산 그는 10년 동안이나 방랑했다. 다만 아테나 여신만이 그를 아껴서 절제된 도움을 준다. 오기기아 섬의 마녀 칼립소와 사랑에 빠져 7년 동안 그곳에 머물자 아테나는 제우스에게 간청하고, 제우스는 칼립소를 움직여서 오디세우스는 아내와 아들이 기다리는 고향으로 가게 된다. 칼립소의 조언으로 마녀 세이렌의 위험을 이겨낸 그는 마침내 꿈에 그리던 이타키에 잠입한다. 그리고 그의 아내 페넬로페이아에게 구혼하러 온 50명의 연적들을 죽이고 아내와 함께한다. 대서사시 「오디세이아」를 아주 짧게 요약했다.

오디세우스는 모든 그리스인들이 좋아하는 난관과 어려움을 이겨낸 신화 속의 인물이다. 사람들은 오디세우스를 망명의 전형적인 인물로 생각한다. 그래서 '노스토스'는 대서사시 '오디세이아'를 이해하는 키워드이다. '노스토스'는 두고 온 것에 대한 회귀의 욕구를 뜻한다. 향수병 '노스텔지아(νοσταλγία)'는 '노스토스'에서 파생되었다. 접미사 알지아(αλγία)는 통증을 뜻하는 '알고스(Αλγος)'에서 시작되었다. 잃어버린 것을 그리워하는 의미인 노스텔지아는 자연스레 두고 온 고향을 그리워하는 향수병을 뜻하게 되었다.

그리스의 명절

모든 그리스 남성이 차가운 물속에 뛰어드는 빛의 축제

적지 않은 시간을 이 나라에서 거주하고 있다. 살다가 부러웠던 것은 그리스 사람들이 보내는 명절 풍속이다. 우리나라처럼 설이나 추석은 없다. 대신 성경에 나오는 사건과 역사들이 명절이 되어 오늘까지 내려온다. 신자와 불신자를 떠나서 그리고 종교를 초월하여 이 나라에 살고 있는 모든 사람들이 자연스레 이 명절의 분위기 속으로 함께 잠길 수밖에 없다.

매년 처음으로 접하는 명절은 1월 6일이다. 예수님께서 요단강에서 세례를 받으실 때 하늘의 문이 열리고 성령이 비둘기같이 내려올 때 들렸던 "너는 내 사랑하는 아들이다"라는 하나님의 음성을 기념하며 만들어진 명절이다. 주현절(主顯節, επιφάνεια), 즉 주님이 나타나신 날이라는 것이다. 동방

정교회에서는 이날을 '신현 축일(神顯祝日, Θεοφάνεια)'이라고 부른다. 둘 다 같은 의미이다. 그러나 그리스에서는 이 단어들보다는 '하나님이 빛으로 말씀하셨다'라는 의미로 '포타(φώτα, 빛들)'라고 대중적으로 부른다.

이날은 예수님께서 광야에서 40일 동안의 금식과 마귀의 시험을 마친 후 요단강에서 세례 요한으로부터 세례를 받은 날이다. 이날을 기념하며 그리스의 정교회는 세상의 모든 물을 정화하는 의식도 함께 진행한다. 삼면이 바다인 그리스는 대부분의 성당이 1월의 찬 바다에서 이 의식을 진행하는데, 바다 위에 배를 띄워놓거나 선착장 등에서 진행한다. 한 해의 행운을 쟁취하려는 청년들이 긴장감으로 성직자의 손에 들려 있는 십자가를 주시한다. 순서에 따라서 마지막 기도가 끝나면 십자가를 바다에 던진다. 배 위나 부둣가에서 기다리던 청년들은 앞다투어 바다에 뛰어든다. 바다에 던져진 십자가를 먼저 잡은 사람은 큰 행운을 가진다고 믿기에 응원을 온 모든 가족들까지 볼거리와 즐거움을 누린다.

정교회는 2세기부터 주님이 탄생하신 성탄절과 세례를 받으신 날을 같은 날로 지켰다고 한다. 오늘날 우리가 사용하지 않는, 율리우스 카이사르가 기원전 46년에 제정한 율리우스력으로 1월 6일을 함께 축일이라고 불렀다. 1582년 10월 15일에 교황 그레고리 13세가 이전의 율리우스력을 개정하여 그레고리력을 사용했다. 로마 교회는 성탄절을 신현 축일

성직자가 십자가를 바다로 던지면 남자들이 일제히 바다에 뛰어든다.

에서 분리하여 지금 우리가 사용하는 그레고리력의 12월 25일로 정했다.

1월 6일은 그리스도께서 세례를 받으신 날이기 때문에 많은 사람이 세례받기를 원했다. 세례 준비를 위해 전날인 1월 5일에는 완전히 금식하였고, 가족 친척들도 세례자를 위해 기도하면서 금식하였다. 그 관습이 오늘날까지 이어져 1월 5일을 거룩한 금식일(육식을 금하고 채식만 한다)로 정하고 세례를 준비한다.

개신교와 로마 가톨릭에서는 주현절이 1월 6일이지만, 정교회는 이보다 2주 뒤인 1월 19일을 신현 축일로 기념한다. 정교회에서는 그레고리력이 아닌 율리우스력을 따르고 있기 때문이다. 이에 따라 정교회의 성탄절은 12월 25일이 아니라 1월 7일이다. 그러나 어떤 이유인지 몰라도 그리스 정교회는 그레고리력을 사용하기에 성탄절은 12월 25일, 주현절은 1월 6일로 지낸다. 그나마 그리스는 지중해성 기후답게 1월 날씨가 많이 춥지 않지만 러시아를 비롯한 다른 동유럽 나라는 상당히 추운데도, 얼음을 깨고 호수나 강에서 의식을 진행하기에 항상 의료진이 대기를 한다고 한다. 코로나로 여러 해 동안 이 행사를 제대로 진행하지 못하다 2024년부터 다시 예전처럼 진행되었다.

그리스의 부활절 풍경

빈부를 떠나 모든 그리스인들이 즐거워하고 기다리는 명절이 있다. 교회의 절기로서가 아니라 민족의 명절인 부활절이다. 그리스의 모든 명절은 성경에 근거하고 있다. 그리스에서 가장 중요한 명절은 성탄절과 부활절이다. 하지만 성탄절은 겨울이고 여러 상황으로 인해서 많은 사람들이 이동하지 않는다. 그러나 부활절은 대부분의 사람들이 고향을 찾아서 이동하는 명절이다.

그리스의 부활절은 부활절 하루만 기념하는 명절이 아니다. 사순절 전체 기간과 메갈리 에브도마다(μεγάλη εβδομάδα)라고 불리는 성(聖) 고난주간을 거쳐 오랜 기다림 속에서 이루어지기에 기쁨 역시 배가 된다. 사순절은 그리스어로 40을

의미하는 '테사라코스티(Τεσσαρακοστή)'이다. 그리스 정교회
는 일주일 중 5일만을 기간으로 계산하고, 주일은 40일 날짜
에 포함하지 않는다. 그래서 부활절 이전 8주간이 사순절이
된다. 8주 중 마지막 주간은 메갈리 에브도마다(성스러운 주간,
holy week)로 지킨다.

39일간의 사순절 금식을 준비하기 위해 사람들은 사순절
시작 전 고기와 술을 마음껏 먹고 마신다. '고기여 안녕'이라
는 뜻인 카니발 축제를 벌인다. 내가 처음 그리스에 왔을 때
보다 요즘 축제가 더욱 커진 느낌을 받는다. 많은 사람들이
참여하여 퍼레이드를 벌이며 화려한 축제가 벌어진다. 시끌
벅적한 축제가 끝나고 '카타리 데프테라(청결한 월요일, καθαρή
Δευτέρα)'에는 축제 때 남은 음식들을 먹는다. 사순절 금식 기
간이 시작되었기 때문에 육류 음식은 가급적으로 피한다.

그러나 요즘은 고난주간 외에는 대부분의 사람들이 육류
를 먹는다. 옛날에는 사순절 기간 동안 문을 닫는 푸줏간도
있었다고 한다. 이번 고난주간에는 한국에서 모 사역팀이 그
리스를 방문했다. 카발라(네아폴리스) 맛집 골목에 있는 수블
라키(숯불구이) 식당에 음식을 먹으러 갔다. 그러나 이미 일주
일 동안 가게들은 문을 닫은 상태라고 했다. 할 수 없이 바닷
가에 있는 해산물 식당에서 저녁을 먹어야 했다.

우리 일행을 위해 수고한 운전 기사는 보기에는 욕도 잘하
고 술도 잘 마시는 뚱뚱한, 지극히 평범한 그리스인이었다.

그러나 이 사람도 고난주간 동안 점심은 금식한다고 했다. 물론 저녁에 거나하게 술을 마시지만…. 이렇듯 독실한 정교회 신자가 아니어도 고난주간에는 모두 동참하려고 한다.

성 금요일이 되면 대부분의 관공서와 상점들은 낮 12시까지 문을 열지 않고 오후에 문을 연다. 대신 가까운 성당에 가서 주님이 말씀하신 십자가상의 7언이 마치 이슬람사원의 아잔 소리같이 외부로 울려 나오는 것을 듣는다. 오후 2시가 지나면 다시 상점들과 관공서도 업무를 시작한다. 이때부터 고속도로는 도시에서 고향집으로 가기 위한 차들로 정체가 시작된다. 그리고 시장에선 털가죽을 벗긴 신선한 양들이 몸통째로 각 가정에 팔려나간다.

정교회 수뇌부는 예루살렘 성 분묘교회에서 직접 공수해 온 거룩한 불을 지역 군악대에 맞추어 그리스 전 성당에 공급한다. 고난주간 토요일 저녁 자정 무렵에는 주변 성당으로 사람들이 몰려든다. 미사가 끝나는 12시 정각에는 폭죽과 불꽃놀이가 시작된다.

'그리스도께서 부활했습니다'라는 뜻의 "흐리스토스 아네스띠(Χριστός Ανέστη)"라고 인사를 하면 상대방은 '진실로 부활했습니다'라는 뜻의 "알리쏘스 아네스띠(Αληθινεί Ανέστη)"라고 화답을 한다. 그러고는 준비하고 있던 초에 거룩한 불을 밝혀서 집으로 돌아간다. 그 불은 각 가정에서 보관한다. 집에 도착해서는 금식 기간 동안 고기를 먹지 않다가 갑자기

부활절이면 정교회 수뇌부들이 예루살렘에서 거룩한 불을 공수해 온다.

그리스의 집시들도 부활절이 되면 양구이를 먹는다.

고기를 먹어서 탈이 나지 않도록 양의 내장을 고아서 끓인 부드러운 수프를 먼저 먹는다.

　부활 주일 아침, 교회와 성당에서 돌아온 사람들은 집 앞 공터나 골목에서 통 양(羊)을 긴 꼬챙이에 끼우고, 숯불 위에서 빙빙 돌려가며 여러 시간 굽는다. 요즘은 대부분 전기 모터로 된 자동 기계를 사용해서 4~6시간이면 기름기가 빠진 바삭한 부활절 양고기 구이가 완성된다. 대도시 아파트에 사는 사람들은 주차장이나 빈 공간을 이용해서 공동으로 고기를 굽기도 한다. 헤어졌던 가족들과 친척들이 자리를 잡으면 잔치가 벌어지고, 음악이 거리를 채운다. 그리고 어른들과 아이들도 고운 옷을 입고 춤을 추기 시작한다. 외국인들과 관광객을 위해서 많은 식당들도 고기를 굽기에 온 도시가, 모든 그리스가 고기 굽는 냄새로 가득 차오른다. 오랫동안 전해져 오는 빨간색의 부활절 계란을 서로 깨면서 이긴 사람은 모든 행운을 가진 것처럼 즐거워한다.

그리스인의 사랑 방식

오래전 유럽 송 페스티벌을 본 적이 있다. 유럽의 모든 나라들이 참석하는데 가장 노래를 잘 부른 국가의 가수에게 투표하여 많은 점수를 받은 가수가 우승하는 프로그램이다. 이 프로그램은 각 나라의 가수가 나오면 그 나라의 상징을 먼저 보여준다. 프랑스 가수가 나오면 파리의 에펠탑을 보여주는 식이다. 그런데 그리스의 가수가 나왔을 때 그리스의 상징으로 남녀의 성행위 장면을 실루엣으로 보여주었다. 나는 충격에 빠졌지만 다른 그리스인들은 아무렇지도 않게 웃고 있었다. 사실 그리스인은 세계에서 가장 성생활을 즐기는 사람들로 정평이 나 있다. 그리스인들은 성생활에서는 자유분방한 것으로 알려져 있기도 한다. 내가 친구처럼 지내는 요르고스의 아들은 한동안 동거하면서 아들을 낳은 후에 결혼식과 유아 세례식을 동일한 장소에서 했다. 참석했던 하객들은 아주 경제적인 결혼식이었다는 촌평까지 남겼다. 요르고스와 가끔 만나서 아이들의 사랑에 대한 나의 견해를 이야기하면 그는 이렇게 말한다. "아이들의 인생에 너무 관여하는 것이 아니냐? 결혼 전에 서로를 아는 것은 중요한 일인데 부모가 왈가왈부하는 것은 옳지 않다." 한편으로는 맞는 말 같기도 하지만 나는 내 생각을 굽히지 않았다. 하지만 그리스인들은 결혼 전에는 자유분방한 것 같아도 결혼 후에는 한국보다 이혼율이 낮다. 한 발자국 더 그들의 삶 속으로 들어가 보면 성에 대해 그리스만큼 자유로움과 보수성이 공존하는 경우도 드물다는 것을 알게 된다. 아마도 정교회의 영향력 때문인 것 같다.

그렇다면 정교회 이전 고대 그리스인들의 성에 대한 인식과 행동은 어떠했을까? 이성 간의 사랑보다도 동성애가 정상적인 시대였던 아테네와 모든 고대 도시국가들에는 오래전부터 동성애에 대한 담론이 뜨거웠다. 이들의 성문화를 인도하는 컨트롤 타워는 당연히 신화의 내용이었다. 신화 속에서 동성애는 신들의 왕 제우스가 그의 상징인 독수리로 변장해서 트로이의 아름다운 청년 가니메데스를 납치해서 제우스의 술을 따르는 시종으로 만든 것이 대표적이다. 서사시인 호메로스는 가니메데스를 "운명을 지닌 인간들 중 가장 아름다운 미남"이라 말했다. 이로 인해 가니메데스는 영원히 죽지 않는 불사의 운명을 얻게 되었다. 가니메데스의 라틴어 표기는 카타미투스(Catamitus)이다. 동성애 상대 소년을 의미하는 케터마이트(Catamite)는 바로 이 카타미투스에서 유래되었다. 훗날 프랑스와 영국에서는 가니메데스가 동성애에서 여성 역할을 하는 이들을 가리키는 말로 사용되었다고 한다.

이같은 신화로 시작된 동성애를 고대 그리스인들은 어떻게 수용하였으며, 어떻게 이해했을까? 흔히들 그리스를 민주주의를 탄생시킨 국가라고 한다. 맞는 말이긴 하다. 그러나 그리스에서 민주주의의 시민권자들에 여자들은 해당되지 않았다. 노예도 마찬가지였다. 시민권은 자유시민인 남자만의 것이었다.

자유로운 성생활을 즐기면서 남성 중심의 가부장제를 지킨다는 것은 매우 어려운 일이었을 것이다. 자연스럽게 그리스에서는 문란한 성생활과 동성애가 국가 전체적으로 자리를 잡았다. 그래서 서사시인 호메로스는 동성 간의 사랑을 남녀 간의 사랑보다 훨씬 고상하고 순수한 것이라고 찬양한다. 플라톤의 「향연」에서도 동성애는 주된 토론 주제였다.

「향연」에 등장하는 최고의 '꽃미남' 알키비아데스는 소크라테스의 제자로도 유명하다. 그는 소크라테스를 육체적으로 끊임없이 유혹하지만, 소크라테스는 그 유혹을 뿌리친다. 「향연」은 플라톤의 중기 대화편 중 하나로서 「파이돈」에 이어 쓰였다고 추측된다. 이 글은 당시 사회의 에로스를 주제로 다루고 있기에 플라톤의 '연애담론'이라고 불러도 어색하지 않다.

　기원전 416년 아테네의 비극 작가 아가톤이 비극 콘테스트에서 우승했다. 그의 저택에서 축하연이 개최된다. 이 자리에 플라톤을 비롯한 소크라테스 그리고 당대의 가장 미남인 알키비아데스와 파이드로스, 아리스토파네스 등 여덟 명이 연회에 참석하여 에로스(사랑) 찬미의 연설을 하게 된다. 이때 플라톤은 아리스토파네스의 안드로기노스족(스포츠 용품 회사의 로고로 사용되는 남녀가 등과 등을 마주 대어 일체가 되어 있는 인간의 조상)론을 인용하여 소크라테스가 생각하는 에로스론을 이끌어낸다.

　소크라테스의 제자 중 한 사람인 파이드로스가 이야기하길 "에로스는 위대한 신이고 인간과 신의 찬사를 받을 만한데 그 이유가 에로스는 아버지도 어머니도 없기 때문이다. 가장 오래된 신인 에로스가 우리에게 가장 좋은 것들의 근원."이라고 했다. 에로스를 신들 중 가장 오래되고 위엄 있으며 인간이 살아 있는 동안은 물론 사후에도 덕과 행복을 누릴 수 있게 하는 데 가장 권위 있는 신이라고 향연에서 주장했다.

　연회의 주인공 아가톤의 후원자인 파우사니아스의 연설이다. "에로스가 둘인 이유는 아프로디테가 둘이기 때문이다. 한쪽은 아프로디테 우라노스로 나이가 더 많고 어머니가 없다. 이 여신은 우라노스의 성기가 잘려 바다에 빠지면서 생겨난 물거품에서 탄생하였고 우라노스의 딸이란 의미로 우라니아, 천상의 여신이라 불린다. 또 다른 쪽은 제우스와 디오네 사이에서 태어나 아프로디테 판데무스, 즉 지상의 여신이라 불린다. 지상의 아프로디테에 속하는 에로스는 저속하고 우연히 이루어진다고 했다. 이것은 남녀의 사랑에 주로 한정되며 육체적 사랑이라고 주장했다. 천상의 아프로디테에서 비롯한 에로스는 강하고 남성에 대한 사랑이 있고 정신적으로 성숙한 것이라고 했다. 그러니 소년 애인이 나이든 이의 덕을 얻을 수 있는 사랑이야말로 천상의 에로스가 관장하는, 찬미할 만한 사랑이고 나머지 사랑들은 범속의 에로스의 지배를 받는 속된 사랑이다."

의사이자 파이드로스의 친구인 에릭코마스는 "사랑은 다른 대상과의 관계에도, 다른 존재에도 관여하며 모든 동물들의 몸 안에도, 대지가 먹여 살리는 식물 안에도, 한마디로 모든 피조물 안에 존재하는 것이다. 에로스의 영향력이 인간의 질서와 신의 질서에서도 모든 영역에 영향을 끼친다."라고 주장했다.

유명한 희극작가이자 아테네의 수많은 명사들을 가리지 않고 풍자한 아리스토파네스는 "에로스가 인간과 가장 친한 신이다. 그 이유는 원래 인간의 성은 세 가지로, 남성 여성 그 두 가지를 모두 가진 제3의 성이 있었다. 그러나 그 제3의 성을 가진 인간들이 신들을 공격해 제우스는 번갯불로 인간을

두 동강 내었다. 그래서 원래 하나의 존재였던 인간의 반쪽
은 각기 다른 반쪽을 그리워하며 다시 하나가 되고 싶어 했
고, 불안한 두 존재가 완전한 본래의 모습을 회복하려는 것
이 사랑이다. 그리고 사랑의 회복 방법으로 우리 본성에 걸맞
은 애인을 찾는 것이야말로 행복으로 이르는 길이며, 그것의
원인 노릇을 하는 신을 찬미하는 것은 자연스러운 일이다.
우리가 신들에게 경건한 모습을 보일 때 에로스는 이를 흡족
히 여겨 우리를 옛 본성으로 돌려주고, 행복을 찾아줄 것이
다."라고 말했다.

향연의 연회장소 주인 아가톤은 "에로스는 모든 것들 중에
서 가장 아름답고 가장 훌륭하기에 아름다움의 원인이다. 에
로스를 시적으로 표현하자면 인간들 사이에는 평화를, 바다
에는 바람 없는 잔잔함을, 바람들의 안식을 주고, 또 걱정 속
에 잠을 만드는 자가 에로스이다. 그는 낯설음을 비우고 친
근함을 채운다. 그는 오늘 우리와 같은 모임을 주선하고 축
제와 연회와 제전에서 인도자 노릇을 한다. 부드러움과 호의
를 선물로 주고 사나움과 적개심을 제거한다. 지혜로운 자들
은 에로스를 우러러보고, 신들은 그를 마음에 들어 한다. 그
의 가르침을 받은 이는 그것을 소중히 여기지만 가르침을 받
지 못한 자들은 질투한다. 그는 부유, 우아함, 호화, 매력, 연
모, 갈망의 아버지이다. 훌륭한 자들을 돌보고 나쁜 이들에게
는 그리 하지 않는다. 모든 신과 인간들의 훌륭한 인도자인

에로스를, 우리는 아름다운 찬송을 부르며 따라야 한다."라고 칭송했다.

앞서 말한 참석자 여덟 명 중 다섯 명이 에로스와 소년애를 찬양했다. 나이 많은 이가 소년 애인에게 성적인 관계를 요구하는 대가로 소년 애인을 사회적으로 후원하고 교육하는 것이 일반적인 사회였다. 남녀 간의 사랑보다도 더 숭고하다고 여기던 소년애가 주제라면, 향연은 플라톤과 소크라테스의 가르침이 없었다면 당대의 성 관념을 벗지 못한 그들만의 말잔치라고 표현하고 싶다.

이제 소크라테스는 아가톤에게 마지막으로 질문을 하나 던진다. "좋은 것이 아름답기도 하다는 점에 동의하느냐." 아가톤이 동의를 표하자 소크라테스는 특유의 질문법(산파술)으로 모인 사람들에게 연설을 시작한다. 그는 디오티마라는 현명한 여인과 나누었던 대화를 기억해내는 방식의 연설을 했다(어떤 이들은 이 여인이 가상의 인물이라고 말하기도 한다).

"나는 디오티마에게 에로스는 위대한 신이고 아름다운 것에 속한다는 이야기를 했다. 디오티마는 에로스가 아름답지도 좋지도 않다고 말했다. 내가 그녀에게 그럼 에로스는 추하고 나쁜 거냐고 물으니 그녀는 '에로스는 계교와 술책의 신 메티스의 아들인 방책의 신 포로스와 가난의 신 페니아 사이에서 태어났다.'라고 했다. 아프로디테의 탄생을 축하하는 잔치에서 포로스는 신들의 전용음료인 넥타르에 취해 제우스의 정원에서 잠이 들었는데 구걸하러 온 페니아가 자신을 방어할 방책이 없음을 알고 포로스의 곁에 동침하여 아들 에로스를 낳았다. 방책의 신 포로스와 가난의 신 페니아 사이에서 태어났다는 태생적인 상황으로 인해 에로스는 아름다움과는 거리가 먼 신이다. 가난하기에 땅을 바닥 삼고, 하늘을 지붕 삼아 잠을 잔다. 어머니 가난의 본성을 가지고 있어서 늘 결핍과 함께 살고 아버지 방책의 본성을 가지고 있어 아름다움과 좋음을 얻을 계책을 항상 꾸민다. 그는 불사자도, 필멸자도 아니기 때문에 방책을 잘 갖추고 있을 때에는 전성기를 누리며 살고 어떤 때에는 죽어가다가 아버지의 본성 때문에 다시 살아난다.”라고 앞서 연설한 사람들의 에로스론에 평가를 내린다.

소크라테스는 “디오티마는 내게 사랑이 무엇인지 정의를 내렸으니 사랑의 기능이 무엇인지 나에게 말로 설명할 수 있냐고 물어 왔다. 나는 할 수 없기에 지금 배움을 요청하는 거라고 답했고 이에 그녀는 인간은 정신적으로나 육체적으로나 임신을 하고 낳기를 바란다. 이유는 사람은 어느 누구도 육체적 또는 정신적으로도 죽기 싫어하는 욕망을 가지고 있기 때문이다. 몸과 영혼에 있어서 모든 아름다운 것 안에서 출산하는 것이라고 사랑의 기능을 정의해주었다. 그녀는 모든 사람들은 몸으로, 영혼으로 임신하고 있고 때가 무르익으면 우리 본성은 출산을 갈망한다. 출산이란 필멸자인 생물

안에 들어 있는 불사적인 것이다. 그런데 추한 것 안에서는 출산할 수 없고 아름다운 것 안에서는 할 수 있다. 그 출산에서 함께하는 것이 아름다움과 선함인 칼로카가티아와 운명의 여신이며 필요할 때 도움을 주는 신이 여신 에일레이티이아이다. 이 때문에 임신한 것이 아름다움과 가까울 때는 즐겁게 자식을 낳는다. 반대로 추한 것과 가까울 때는 낳지 못하고 태아를 태중에 가진 채로 고통스럽고 힘든 상태로 남을 뿐이다. 그렇기 때문에 임신해서 부풀어 오르는 것은 자신의 산고를 줄이기 위해 아름다운 것에 관한 흥분으로 가득 차 있다. 그리고 그녀는 나에게 사랑에 대한 정의가 조금 잘못되어서 바꿔야 한다고 말했다. 사실 사랑은 아름다움에 관한 것이 아니라 아름다움 속에서 낳는 것과 관련한 것이라는 것이다. 필멸자가 불멸을 갈망하는 것은 필연적이기에 사랑이 낳음에 관한 것임도 당연하다. 즉 인간은 정신적으로나 육체적으로나 임신을 하고 낳기를 원한다. 이유는 사람은 어느 누구도 육체적 또는 정신적으로도 죽기 싫어하는 욕망을 가지고 있기 때문이다.”라고 말했다.

에로스는 처음에는 육체의 미, 다음에는 정신의 미, 그리고 최후에는 미 자체의 세계로 사람들을 높여 불사(不死)하는 보물을 얻게 하는 조력자였다. 플라톤은 그러한 에로스를 찬미한다는 것은 지극히 당연하다고 그의 스승 소크라테스의 답에 개인적인 주석을 달았다. 여기에서 플라톤은 형이상학 사상인 이데아 또는 에이도스라는 단어로 표현했다. 즉 플라톤은 에로스가 육체적 사랑을 뛰어넘는 정신적인 사랑이라고 보았다. 진정한 사랑은 비성적(非性的)인 사랑, 후대인은 플라토닉 러브(platonic love)라고 표현하는 이 사랑을, 「향연」이라는 저서를 통해 말하고자 했던 것이다.

자유를 노래한 위대한 그리스인

우리 가족이 28년 전 그리스에 와서 처음 살았던 지역은 영화 〈해바라기〉의 소피아 로렌이 나왔던 나폴리 뒷골목과 너무도 닮은 곳이었다. 더운 날 문을 열면 길 건너 집에서 시청하는 텔레비전이 그대로 보이는 그런 동네였다. 집 앞에 작고 낡은 가게의 요르고 할아버지는 늘 코끝이 빨간 상태의 몽롱한 얼굴로 나에게 "야수 킴!(안녕 킴!)"을 크게 외쳤다. 영화 〈그리스인 조르바〉에 나온 안소니 퀸을 빼다 박은 요르고 할아버지는 매우 다정했다. 막내가 유치원에 다니던 때의 일이다. 막내와 큰아들이 성탄절 전날과 새해 전날에 '깔란다(아이들이 작은 트라이앵글을 들고 전해오는 노래를 부르면 주민들은 돈을 주던 풍습)'를 부르면 일가친척 없는 외국인인 우리 아이들에게 어느 누구보다도 많은 돈을 주어 아이들을 행복하게 한 할아버지이기도 하다. 가끔 시간이 나면 할아버지와 나는 잡담을 나누기도 했다. 어느 날 내가 배가 아파서 일찍 자리를 뜨려고 하자 요르고 할아버지는 "왜? 형님이 큰 집을 사서 이사를 갔니?"라고 물었다. 무슨 말이냐고 묻는 나에게 "네가 배 아픈 것은 형이 잘되어 그런 것 아니냐."라고 농담을 한 것이다. 나는 "우리나라는 형이 아니고 사촌이 땅을 사면 배가 아픈데!"라고 답해주었다. 다음 날 할아버지는 너희 나라나 우리나라나 인간들이 느끼는 감정이 같은데 우리는 식민 지배를 더 많이 받아서 표현이 좀 다르다고 변명 비슷하게 묻지도 않은 이야기를 해주었다. 마치 〈그리스인 조르바〉에 나오는 조르바의 대사처럼 '그래도 우리 그리스인은 자유를 사랑하고 존중한다'라는 혼잣말을 자주 했다. 크게 배운 것도, 가진 것도 없는 평범한 그리스인 요르고 할아버지처럼 많은 그리스인들은 그리스 사람에 대해 물어보면 대부분이 〈그리스인 조르바〉를 빼놓지 않는다. 어떤 이는 그 영화를 너무 많이 보아서 대사를 다 외울 수 있다고 한다. 〈그리스인 조르바〉 속 문장들은 오늘을 사는 그리스인들의 가치관을 그대로 보여준다.

"나는 어제 일어난 일은 생각 안 합니다. 내일 일어날 일을 자문하지도 않아요. 내게 중요한 것은 오늘, 이 순간에 일어나는 일입니다. 나는 자신에게 묻지요."

'조르바, 지금 이 순간에 자네 뭐 하는가?', '잠자고 있네.',
'그럼 잘 자게.'

'조르바, 지금 이 순간에 자네 뭐 하는가?', '일하고 있네.',
'잘해보게.'

'조르바, 자네 지금 이 순간에 뭐 하는가?', '여자에게 키스
하고 있네.'

'조르바, 잘 해보게. 키스할 동안 딴 일일랑 잊어버리게. 이
세상에는 아무것도 없네. 자네와 그 여자밖에는. 키스나 실
컷 하게.'

내가 이곳 대학에서 그리스어를 배울 때 〈그리스인 조르
바〉 속 대사들이 자주 예문으로 나왔다. 길 가다가 성당만 보
이면 성호를 긋는다는 신실한 정교회 교인이었던 언어 선생
님은 『그리스인 조르바』를 쓴 니코스 카잔차키스는 악당이
라고 말했다. 신성모독 죄인이라고. 그러나 대부분의 그리스
인들은 카잔차키스는 위대한 그리스인이라고 말한다.

20년 전인 2004년, 아테네에서 올림픽이 열렸다. 그때 나
는 모 방송국 교양제작부의 현지 코디네이터로 한 달 동안 일
을 한 적이 있다. 올림픽 경기를 마치면 시상식을 준비한다.
그때 기다리는 관중을 위해서 준비위원회는 음악을 틀어준
다. 양궁 경기장을 제외한(양궁 경기장에서는 한국 궁사들이 금메
달을 따면 조용필의 〈여행을 떠나요〉가 흘러나왔다.) 모든 경기장에

영화 〈그리스인 조르바〉에서 시르타키 춤을 추는 두 주인공

서 흘러나온 음악은 그리스의 민중 음악가이자 작곡가 테오도라키스가 작곡한 〈그리스인 조르바〉의 주제곡이었다. 영화의 명장면인 조르바 역의 안소니 퀸과 상대역인 배질 역의 앨런 베이츠가 춘 시르타키 춤의 배경으로 나온 음악이었다.

비잔틴 제국 시절부터 전래되어 온 춤 '카사피코'를 현대적으로 재해석한 춤을 시르타키라고 한다. 그리스의 도시와 시골의 전통 타베르나(음식점)에서 들을 수 있는 음악이고 이제는 모든 그리스인들이 즐겨 추는 전통춤이기도 하다.

아직까지도 많은 정교회에서는 카잔차키스를 신성모독 범죄자라고 한다. 『그리스인 조르바』에 등장하는 자하리아스 신부는 마음속에 요셉이 산다고 믿는 다중 인격의 소유자로

248

나온다. 이 신부는 모든 그리스인이 올리브와 빵, 가끔 가다 생선을 먹는 사순절 기간에도 자신 속에 사는 다른 요셉을 위한다는 명목으로 술과 고기를 먹는다. 자하리아스 신부가 수도원에 불을 지르는 장면이나 조르바가 신을 악마라고 주장하는 부분 등이 정교회에서는 받아들이기 힘든 것이다. 나는 『그리스인 조르바』보다는 카잔차키스의 또 다른 작품인 『예수 그리스도 최후의 유혹』이 더 신성모독이라고 생각했다. 정교회뿐 아니라 로마 가톨릭교회에서도 한때 금서로 지정했던 소설이다. 그래도 많은 그리스인들은 카잔차키스를 그리스가 낳은 현대의 대문호라고 한목소리로 옹호한다. 카잔차키스는 1951년과 1956년에 노벨문학상 후보에 올랐지만 결국 수상하지는 못했다.

당시 카잔차키스에 대해서 일반인뿐 아니라 그리스 정교회 내부에서도 찬반이 나누어졌다. 아테네 정교회에서는 이 소설을 비롯한 많은 작품들이 문제가 되어 카잔차키스를 파문한다. 지금은 그리스 전 지역을 그리스 정교회 이름으로 관리하지만 1957년 10월 카잔차키스가 죽었을 때는 두 개의 정교회 총대주교가 관할했다.

1828년 런던 협정으로 아테네를 포함한 그리스 남부 지역이 독립을 하였다. 그리스 정교회가 1850년 콘스탄티노폴리스 총대주교청으로부터 독립을 하였다. 그 당시 그리스 영토인 아테네를 비롯한 남부 지역은 아테네 총대주교의 관할이었다. 그러나 1912~1913년의 발칸 전쟁으로 그리스가 획득한 테살로니키를 비롯한 북부 그리스와 크레타를 포함한 남부 도서 지역과 에게해의 파트모스 섬을 비롯한 섬 지방은 콘스탄티노폴리스 총대주교의 관할 구역이었다. 크레타 섬 지역을 관리하던 콘스탄티노폴리스 관할 주교의 신자였기에 콘스탄티노폴리스의 총주교는 카잔차키스를 파문하지 않았다고 한다. 오히려 그가 죽었을 때 크레타 주교에게 카잔차키스의 장례식을 일임했다고 한다. 그래서 카잔차키스의 무덤은 일반인들과 다르게 베네치아인들이 건축하여 장장 21년간 오스만 제국의 포위를 견디어 낸 이 도시의 랜드마크 칸디아(Candia) 성벽 위에 있다.

니코스 카잔차키스의 무덤

그리스 어느 시골 마을을 가도 마을 가운데 크거나 작은 광장이 나온다. 그 광장 옆에는 오래된 음식점들이 보통 한두 개는 있기 마련이다. 그리고 그 음식점에서는 〈그리스인 조르바〉의 주제곡이 흘러나오고, 그리스인들은 즐거울 때 모여서 시르타키 춤을 춘다. 조르바처럼….

크레테 이라클리온의 성벽 위에 있는 카잔차키스의 무덤에 간 적이 있다. 그는 생존해 있을 때 미리 자신의 묘비명을 써 놓았다고 한다.

나는 아무것도 바라지 않는다.
나는 아무것도 두려워하지 않는다.
나는 자유인이다.

그리스인들이 가장 추구하는 자유의 개념을 그의 묘비명을 통해서 다시금 되새길 수 있었다.

"나는 춤추고 노래 부르기를 원한다"
그리스의 집시 이야기

내가 이곳에 살고 있는 이유인 한 종족의 이야기를 이제 해보고자 한다. 처음에는 이들 때문에 많이도 힘들었다. 하지만 나는 이들에게 가르친 것보다도 더 많은 것을 이들로부터 배웠다. 앙리에트 아세오는 저서 『집시: 유럽의 운명』에서 다음과 같이 말한다.

각 시대는, 우리 시대도 예외는 아니지만 집시의 존재에 의해 축복받은 혹은, 저주받은 마지막 시대라고 여겨져 왔다. 호의적이든 적대적이든, 혹은 낭만적이든 냉소적이든 간에 모든 전문가들은 요지부동의 의견을 가지고 있다. 즉 세상을 떠돌아다니던 자들, 이제는 길들여졌고, 유랑하던 그들의 삶의 방식도 유행을 벗어났으며 마침내 집시의 시대가 과거에 속하게 되었다는 것이다. 그런데 실제로 집시들은 환경변화에 적응하면서, 유럽 전역에서 그들만의 독특한 생활방식을 놀랄 만큼 성공적으로 보존해 가고 있다.

내가 처음으로 집시라는 단어를 인식한 것은 지금은 희미한 기억 속에 자리한 〈길〉이라는 흑백영화에서 안소니 퀸의 능청스런 연기와 대비된 상대역의 백치 집시 여인인 '젤소미나'를 통해서이다. 그리고 청소년 시절 누구나 한 번쯤은 읽었을 메르메의 소설 『카르멘』에서 돈 호세가 운명적으로 사랑했던 집시 여인 카르멘을 통해서 집시들이 못 말리는 뜨거운 피를 가진 정열적인 사람들이라고 이해했다. 또한 빅토르 위고의 『파리의 노트르담』에서 종지기 콰지모도가 자신의 생명보다 더 귀하게 사랑했던 집시 여인 에스메랄다 등에서 나는 집시라는 언어를 만났다. 그러기에 나는 "포장마차를 타고 일생을 전전하고 사는 집시의 생활이 나에게는 가끔 이상적인 것으로 생각된다."라고 쓴 오래전 요절한 전혜린의 「먼 곳의 그리움」이란 수필이 낯설게 느껴지지 않았다.

그러나 오랜 시간 그리스에서 느꼈던 집시는 1930년 일제 강점기 조영출 시인의 「북행열차」에 기록된 "나라도 없는 집시의 자손들이 깎고 저미는 사과의 빨간 피부"였다. 본디 이 집시란 이름도 그들이 원해서 붙여진 이름이 아니었다. 우리에게 알려진 개념만큼이나 그들의 정체성도 왜곡되었고 이름 역시 자신들의 의사와 관계없이 타인에 의해서 아무렇게 나 불렸다.

이들 무리를 처음으로 본 영어권 사람들은 그들을 이집트 에서 온 사람들이라고 생각했다. 이유는 외모가 이집트인과 비슷하다고 생각했고, 어떤 집시들이 스스로를 이집트에서 온 사람이라고 소개했기 때문이라고 한다. 집시들이 중앙아 시아에서 도망 온 유목민과 로마 제국의 후손이 섞여서 생긴 혼혈족라고도 생각했던 사람도 있지만 보편적으로는 고대 이집트에서 도망친 사람들이라고 생각했다. 그래서 이들을 그들의 발음대로 하자면, '에집션(이집트인)'이라고 불렀는데, 이 말이 두음소실에 의한 변형 gicyan의 역성(逆成)으로 gipcy 가 쓰였으며 이것이 차츰 '집시'로 불리기 시작한 것 같다.

다만 영어권에서 사용하는 집시(Gypsy)는 일반적으로 헬라 어의 에지프토스(Ejiftos), 지프티(Giftoi), 스페인어 히타노스 (Gitanos) 등에서 그 어원을 찾을 수 있다. 이들 나라 외에도 러시아에서는 찌가네(Цыгане), 이교도를 뜻하는 중세 헬라어 에 의해 독일어로 치고이네르(Tsigoiner), 헝가리에서는 치가 니(Cigány), 폴란드에서는 치가니에(Ciganie), 이탈리아에서는 징가리(Zingari) 등으로 불린다.

우리가 문학적 장르를 통해서 알고 있는 '보헤미안'은 프 랑스에서 집시를 가리키는 말이다. 체코의 보헤미아 지방에 14세기경 보헤미아 왕이 유랑민족인 집시에게 거주와 통행을 허락하자 이 지방에 집시가 많이 살게 되었고 15세기경 프랑스인은 집시를 보헤미안이라고 부르게 된다.

시간이 흐르면서 보헤미안은 사회의 관습에 구애되지 않는 방랑자, 자유분방한 생활을 하는 예술가, 문학가, 배우, 지식인들을 가리키는 말이 되었다. 이 말은 집시처럼 방랑하는 방랑자(vagabond)와 같은 의미로 사용되기도 한다. 그리고 또 다른 프랑스어 치가느(tsiganes)라고 부르기도 한다. 그 외 중동지역에서는 '고르바티(Ghorbati)'와 '나와리(Nawari)' 두 개의 집단으로 구분되어 불린다. 고르바티는 아랍어인 구르베트(gurbet)란 단어에서 온 것으로 이방인(Stranger)이라는 뜻이다. 그리고 이집트를 중심으로 한 북아프리카와 중동지역에서는 집시들을 나우아르(Nauar)라 부르고 있다.

집시를 지칭할 때 가장 많이 사용하는 단어가 '치고이, 치가니'이다. 그래서 사라사테의 '치고이네르바이젠'이나 '라벨의 치간느'는 집시풍이란 의미를 가진다. 그런데 그리스에서도 이 말은 닮은꼴로 사용되고 있다. 그리스인들은 일반적으로 집시를 가리켜 '징가니'라고 부른다. 여러 나라에서 사용하는 집시란 의미의 단어들이 비슷하다.

그렇다면 집시들은 자신을 어떻게 부르고 정의하는가? 그들은 자기 민족을 자신들의 방언으로 진정한 남자라는 뜻인 '로마'라고 지칭한다. 이탈리아의 지명인 로마와 구분하기 위해 알파벳 R을 하나 더 붙여 'Rroma'라고 쓴다. 여성은 '로마'의 여성형으로 아름다운 여자라는 뜻인 '롬니(Rromny)'라고 부른다. 집시라는 표현 대신 '로마'라는 말을 써야 하지만 읽는 분들의 이해를 위해서 집시라는 표현을 사용한다. 양해를 구한다.

바람의 후예들은 어디로부터 온 것인가?

집시들의 태동과 이동경로에 대한 정확한 문서나 사료는 없다. 그들의 민족 기원 이론 역시 다양한 이름만큼이나 참으로 많은 가설이 있다. 그 기원에 관하여 두 가지의 이론이 있다. 이집트 기원설과 인도 기원설이다. 먼저 이집트 기원설은 18세기 말까지는 두 이론 중에서 더 우세하였다. 많은 사람들이 그 이유를 집시의 짙은 피부색에서 찾았고, 그다음으로는 이집트인들이 중세에 주술사로 이름을 알린 것처럼, 당시에 많은 집시들이 주술에 관련된 업종에서 일을 하였다는 데서 찾았다.

집시를 연구하는 많은 학자들은 이집트 기원설이 과학적 근거를 제시하지 못하는 것으로 간주하여 많은 반박을 하였다. 1788년 독일의 언어학자 그렐만은 집시들이 사용하는 언어를 수집하여 그 수집된 언어의 삼분의 일이 힌두어에서 나온 것임을 발견했다. 나아가 인도 북부 펀자브 지역의 수라트 방언과 가장 닮았다는 것을 찾아내었다. 오늘날 인도의 자트족 언어와 아주 밀접하다는 것을 찾아낸 후 산스크리스트어와 자트어가 집시어의 모체(母體)임을 발표한다.

인도 기원설에서 가장 대표적인 것은, 주로 유럽 학자들이 주장하는 설이지만, 알렉산더 대왕이 인도를 침공할 때 데려온 종족 중 하나라는 것이다. 또 다른 학설은 중국 한나라와 관련이 있다. 황제인 무제에 의해서 쫓겨난 흉노족이 서쪽으로 이동하면서 기원후 5세기경 인도의 굽타 왕조를 침공하였다. 이들의 공격으로 심한 타격을 입은 인도는 결국 굽타 왕조가 멸망하고 성과 도시가 파괴되어 질병과 기아에 노출되었다. 이때 인도의 네 계급 중 하위 계급인 바이샤와 수드라 계급 사람들이 고대 인도를 떠나 유럽으로 흘러갔을 것이라고 한다. 이것이 1차 집시 태동 이동설이라는 것이다.

다음은 2차 집시 민족 이동설이다. 튀르키예 남동부 아나톨리아 지역에는 1038년에 무슬림인 튀르키예인에 의해서 셀주크 투르크 왕조가 등장한다. 그리고 1148년 오늘날 아프가니스탄 지역에 셀주크 투르크의 지원을 받은 가즈니 왕조가 역사에 나타난다. 신생 가즈니 왕조는 영토 확장과 이슬람 전파를 목적으로 인도의 북서부, 오늘날 인도 펀자브 지역의 구르자라(카나우즈) 왕국을 침공한다. 구르자라 왕국은 급격하게 변화하는 주변 정세에 대비하여 오래전부터 군대를 육성해왔다. 이들 군대에는 인도 계통의 사람들뿐 아니라 이슬람의 박해를 피해 멀리는 동아프리카에서부터 온 사람들과 주변의 여러 나라에서 정치 종교적 문제로 피난해 온 사람들이 있었다. 1192년까지의 끊임없는 이슬람의 공격으로 구르자라 왕국이 파괴되어 그 난민들이 여러 곳으로 떠돌다가, 어떤 그룹은 인도의 남부로 떠나가기도 하고, 다른 무리는 중국 서부 지방으로, 또 어떤 그룹들은 유럽에까지 이르게 되었는데, 그들이 바로 집시의 기원이 되었다는 것이다.

집시들은 먼저 카슈미르에 도착해서 페르시아로 향하는 실크로드를 타고 페르시아 제국에 머무르다 흑해 연안의 트레디 지역과 비잔틴 제국에까지 유입되기에 이르렀다. 뿐만 아니라 동로마 제국은 이슬람 침략군에 대항하기 위해 비잔틴제국 군대에 집시들을 재편입시켰지만, 피부 색깔로 인해 이슬람교도로 오해가 생긴 뒤로는 다시금 난민으로 격리됐다고 한다.

이후 집시들의 삶에 대해서는 대체적으로 선명한 편이고, 자료나 문건 역시 남아 있다. 비잔틴으로 들어간 집시들을 1300년 초에 남동부 유럽에서 보았다는 보고가 있었고, 1400년대에는 중부와 동부 유럽에서 그리고 1400년에서 1500년 사이에서는 서부와 북부 유럽에 그들에 관한 기록이 있다.

중동부 유럽의 빵 바구니인 트란실바니아 지역에 도착한 이후, 집시 그룹은 각각 리더에 의해 소규모로 뿔뿔이 흩어졌다. 15세기경에는 유럽의 전 지역으로 흩어졌다. 1500년까지 집시는 영국에서 스웨덴, 폴란드와 노르웨이에 이르는 유럽

전역과 북아프리카 중동 지역에 걸쳐 널리 퍼지게 되었다.

집시들이 유럽에 들어올 때, 처음 얼마 동안은 그들의 동질성을 지켜나갔다. 그러나 시간이 흐름에 따라 그들이 가지고 있는 민족적 정체성은 흐려졌고, 그들을 하나로 묶을 만한 결집력 역시 없었다. 그리고 안정된 삶을 살 수 있는 한 뼘의 영토도 없었다. 그들을 보호해 줄 자치 군대나 그들을 대신할 정부도 없었다. 죽어 한 조각 뼈 묻을 고향도 그들에겐 없었다. 한 곳에 정착하지 못하고 부초처럼 떠도는 생활이었기에 통일된 언어 체계와 가장 기본적인 사회구조 형성조차도 불가능하였다. 이러한 약점을 가진 집시들은 자신들에게 가해지는 인종적인 억압과 편견에 대해서도 아무런 대책 없이 그냥 당할 수밖에 없었다. 정치적인 힘이 없었기 때문에 불공평하게 책정된 세금을 내지 못해 노예로 팔리는 경우가 허다했다고 한다. 때로는 영주나 지주들이 농민들의 불만을 이들에게 돌려 피에 굶주린 민중의 희생양이 되었고, 재판에 있어서도 언제나 불평등했다.

중세시대에는 마녀사냥과 살아 숨 쉬는 악마를 대신하여 산 채로 화형에 처해지거나 매장을 당해야만 했다. 중세시대뿐만 아니라 히틀러의 나치에 의해서 자행된 집시 학살은 정확한 숫자를 파악하기 어려울 정도다. 단지 집시라는 이유만으로 가해지는 이 저주의 사슬과 같은 인종적 편견은 오늘날에도 약간의 차이만 있을 뿐이지 그대로 답습되고 있다.

집시의 사회는 지나간 과거를 기록해 두는 사회가 아니었다. 그랬기에 우리는 오히려 그들의 모든 것을 알고 있다고 생각한다. 앞서 말했듯이 집시의 역사는 언어나 종교, 영토처럼 한 국가가 가지고 있어야 할 일반적이고 통상적인 요소들로 연관되어 있지 않으면서도, 하나의 견고한 문화를 보여주는 독특한 민족의 역사이다. 늘 쫓기는 삶을 살면서도 끊임없이 되풀이되는 탓에, 오히려 친숙하고 당연하게 여기는 불행한 운명을 견뎌온 한 민족의 역사이다.

아내와 내가 27년 전 그리스에서 로마(집시) 사역을 시작할 때는 주로 알바니아에서 그리스로 넘어온 알바니아계 집시를 대상으로 했다. 그리스에는 1990년대 알바니아 내전과 경제적 혼란으로 그리스에 온 집시종족들과 2차 대전을 전후로 해서 루마니아에서 온 집시종족 그리고 1920년대 튀르키예 전쟁을 전후로 해서 튀르키예에서 온 집시종족, 그리고 오래전부터 그리스에서 살아온 집시종족이 있다.

그리스의 자연과 환경은 글로 표현하기 부족할 정도로 아름답다. 이렇게 아름다운 땅이지만 집시들이 사는 곳은 쓰레기와 오물이 흘러넘치는 곳이다. 지도에도 나오지 않는 집시 마을을 찾을 때면 우리는 후각을 이용했다. 차창을 열면 멀리서도 풍겨 오는 냄새가 있었다. 그 냄새를 따라 마을을 찾아가면 숨겨진 사람들을 만날 수 있었다. 떠도는 부초처럼

집시가족의 모습

정처 없이 살아가는 삶이라고 인정했지만 사실 처음에 그들의 삶을 맞닥뜨렸을 때는 너무도 충격적이었다.

열네 살 여자아이가 만삭의 몸으로 을씨년스러운 날 구걸하는 것을 본 이후로는 모든 계획을 포기하고 이들을 품을 수밖에 없었다. 열다섯 살의 남자아이는 자신의 아이가 추울까 봐 허름한 겉옷 속에 아이의 손을 꼭 넣고 온다. 이들은 우리의 상식으로 이해할 수 없는 방식으로 살아가고 있었고, 끈질긴 생명력을 가지고 있었다. 외적인 모습으로 한 사람의, 한 인간의 생애를 이야기한다는 것은 어떤 의미가 있을까.

집시들은 10대 초반의 조혼과 근친혼으로 농아와 맹아, 정서 발달 장애 현상을 보이는 아이들이 많다. 그들의 땅에는

그리스에서 만난 집시 아이들

그들만의 언어와 풍습과 생명을 살아냄만이 의(義)라는, 세상과는 다른 법을 갖고 있다. 그들은 거기에 갇혀서 산다. 그것이 전부이고 진리라고 믿으며 지금까지 살아왔고 또 그렇게 살아간다.

우리는 보통 영화를 통해 집시의 생활을 엿볼 수 있다. 영화 속에 등장하는 그들은 대부분 점치는 일처럼 주술적인 직업에 종사하기도 하고, 음악과 춤을 공연해 그것으로 생계를 꾸리기도 한다. 틀림없는 사실이다. 집시들의 직업은 그들이 유랑생활을 하고, 탄압을 받았던 역사와 연관되어 있다. 즉, 이들은 여러 지역을 유랑함에도 불구하고 나름대로의 생활과 가족의 안전을 유지하기 위해서 마을주민들이 요구하는 위락을 제공하거나, 사람들의 관심을 끌 수 있는 주술 및 마법을 생업으로 삼을 수밖에 없었다.

그들의 생업이 놀이 문화를 형성하고 전파한다는 점에서 이들은 당시 유럽의 농노제 사회에 긍정적인 역할을 많이 수행했고, 한걸음 더 나아가서는 유럽문화를 더욱 풍성하게 하는 밑거름으로 작용했다고 한다. 러시아 문학이나 프랑스 소설들이 집시를 유대인처럼 이기적이지 않고 음악적이며 자유로운 민족으로 묘사한 점에서 이 근거를 찾을 수 있다. 특히 영국의 데이비드 허버트 로렌스는 『처녀와 집시』에서 집시 공동체를 이상향으로 그리고 있다.

플라멩코와 집시

“망가바 켈릴라 헴 길야벨라(나는 춤추고 노래 부르기를 원한다).” 26년 전 아내가 간이 학교를 열어서 집시 아이들에게 복음송을 가르칠 때이다. 당시 여섯 살도 안 되었던 로라가 춤을 추기 시작했다. 세례 요한의 목을 원하며 추었던 살로메의 춤이 이렇게 선정적이었을까라는 생각이 들 정도로, 어린 로라의 춤 솜씨는 성인 댄서를 무색하게 할 정도였다. 이 꼬마 집시의 춤을 보면서 스페인의 기마병 돈 호세를 한순간에 불살라버린, 그래서 그를 탈영까지 하게 만들었고 그녀를 사랑하기에 스스로 집시가 되게 하였던 카르멘의 플라멩코가 조금은 이해가 되었다.

플라멩코의 기원과 역사는 다음과 같이 요약하여 말할 수 있다. 일단의 집시 그룹이 지금의 튀르키예 남부를 경유하여 이집트를 거쳐 오늘날 스페인 남부 안달루시아 지역에 들어갔다. 처음 이들이 이 지역에 정착할 당시에는 여러 문화를 수용하여 문화적 융화를 도모했던 무어인의 나스르 왕조가 다스리고 있었다. 당시의 집시들은 자신들을 Roma-Calk(평원의 도망자)라고 소개하였다. 그래서 ‘플라멩코’의 어원은 아랍어인 ‘felag(농부)’와 ‘mengu(도망자)’라는 단어의 잘못된 발음에서 온 것이라 여겨진다고 한다. 그리고 18세기에 접어들면서부터는 ‘안달루시아의 집시’를 지칭하는 단어로 쓰이기 시작했다. 1492년 스페인 군대에 무어 왕조가 무너지고 로마 가톨릭은 유대인과 무슬림 그리고 집시들을 약 200년 동안 박해한다. 산속의 토굴과 광산에서 그리고 농노로 고달픈 삶을 사는 집시들이 하루 일과를 마치고 둘러 앉아 그들만의 음악 축제를 벌이는데, 여기에 쓰인 음악이 바로 플라멩코였다. 이것은 노래가 아니라 그들이 처한 삶의 절규였고 처절한 몸부림이었다. 빼앗기고 착취당하는 자들의 슬픔과 한이 서린 부르짖음이었다.

세월이 흐르면서 그들에 대한 핍박도 완화되고 집시음악에 관심을 갖는 사람도 점차 생겨났다. 조금씩 음악적 교류가 이루어졌고, 집시의 음악을 수용하고 해석하게 되었다. 이로써 오늘날 플라멩코가 탄생하게 된 것이다.

한낮 집시문화로 괄시받던 플라멩코를 스페인의 상징으로 자리 잡게 한 사람은 1913년 바르셀로나의 집시촌에서 출생한 카르멘 아마야이다. 글조차 읽지 못했던 아마야는 플라멩코를 배운 적도 없지만 전통적으로 내려오는 조상들의 플라멩코를 전수받아 예술로 승화시켰다. 1965년 세상을 떠났지만 카르멘 아마야가 심어놓은 플라멩코는 집시의 음악이 아닌 스페인 최고의 관광 상품이자 전 세계를 향해 내어놓을 수 있는 국민 예술이 되었다.

그러나 집시라고 해서 모두가 카르멘처럼 플라멩코를 추고 노래를 잘하는 것은 결코 아니다. 사역 초기 함께 일했던 간티 형제는 플라멩코를 전혀 모른다고 했다. 오히려 내가 튀르키예에 간다고 하니 이름도 기억하기 힘든 튀르키예 가수의 테이프를 사다 달라고 부탁을 하였다. 한번 들어보니 전형적인 아랍 문화권의 노래였다. 현재 그리스에는 소티스 볼라리스, 마키스 크리스토, 둘로스, 자파니스 멜라스, 니콜라 로마노, 니초 로마노 외에도 많은 집시 출신 가수들이 활동하고 있다. 그런데 이들의 노래는 스페인 계통의 노래가 아니라 언뜻 들으면 튀르키예 노래가 아닌가 하는 튀르키예풍의 노래이다. 이곳 발칸 반도가 오랫동안 튀르키예에 지배당했던 역사의 산물이 아닌가 한다.

동유럽에서 집시 음악의 원형은 헝가리 민요 300여 편에서 찾을 수 있다. 집시 음악과 헝가리 민속음악은 둘로 하나를 만든 유기적인 관계에 있다. 18세기 말 헝가리 군대가 집시 악단을 앞세워 병사들을 모집한 것이, 이후 헝가리 음악이 곧 집시 음악으로 통하게 된 유래라고 한다. 형식에 구애받지 않고 상상력을 무한대로 펼친다는 뜻의 광시곡 자체가 집시의 세계관을 반영한다고 하겠다. 우리가 너무도 잘 알고 있는 리스트의 〈헝가리안 광시곡〉, 브람스의 〈헝가리안 무곡〉 등이 집시풍의 헝가리 음악으로 큰 족적을 남기고 있는 것이다. 19세기에 이르러서 러시아의 집시들은 헝가리에서처럼 부유한 지식인층의 후원을 받으면서 러시아에 새로운 음악문화를 형성하였는데, 이들은 집시 고유의 음악보다도 러시아, 우크라이나, 폴란드 농민 음악을 많이 다루었다.

집시들은 살고 있는 지역에 그들의 문화를 접목시켜 독특하고 이국적인 문화를 형성하였다. 동유럽에서는 성악과, 바이올린으로 이베리아 반도에서는 기타와, 템포 빠른 춤으로 그들의 슬픔과 기쁨을 달랬다. 사실 오늘날에도 그 예전과 조금도 다를 바 없는 차별과 서러움을 당하고 있기에 그들이 부르는 노래는 그들의 언어를 이해하지 못하는 사람은 알 수 없는 그들만의 피울음의 표출인 것이다.

앙리에트 아세오의 글로 마무리하고자 한다.

집시 민족의 언어에는 '소유'와 '의무'라는 단어가 존재하지 않는다. 그들은 소유와 의무를 몰랐다. 그리하여 그들은 아무것도 가지려 하지 않았으며 또 아무것에도 구속받지 않았다. 그들에게서 '의무'와 '소유'는 삶에서 잃어버린 두 단어이지만, 다른 두 단어 '사랑'과 '자유'는 그들의 찾고자 하는 전부였다.

나가며

나의 글쓰기는 어느 날 갑작스럽게 시작된 일이 아니었다. 돌아보면 약 3년 반 전, 아주 작은 마음의 움직임에서 출발했다. 모교에서 강의하는 후배가 그리스에 대한 자료를 부탁해 온 것이 계기였다. 처음에는 그저 그리스를 소개하고, 그곳에서 보고 느낀 것들을 조심스레 나누는 정도의 짧은 기록에 불과했다. 특별한 목적이나 거창한 계획이 있었던 것도 아니었다. 마음속에 오래 고여 있던 생각들을 조용히 흘려보내고 싶었을 뿐이다.

그러던 중 어느 날, 한 기독교 신문에서 연락이 왔다. 부족한 글을 정기적으로 연재해 보지 않겠느냐는 제안이었다. 쉽게 결정을 내릴 수는 없었다. 개인적인 기록에 불과하다고 여겼던 글들이 많은 사람들 앞에 공개되고, 그것이 꾸준히 이어진다는 것은 결코 가벼운 일이 아니었기 때문이다. 오래 망설인 끝에, '누군가에게 작은 도움이 된다면' 하는 마음 하나로 조심스럽게 글을 내어놓기 시작했다.

그렇게 시간이 흘렀다. 바쁜 일상 속에서 글을 쓰는 일이 부담처럼 느껴질 때도 있었고, 마음 깊은 곳에서 올라오는 감정들 때문에 쉽게 한 문장도 적지 못한 순간들도 있었다. 때로는 왜 이 일을 계속하고 있는지 스스로에게 묻기도 했다. 그럼에도 멈추지 않았고, 한 편 한 편 쌓여간 글들은 마침내 이렇게 한 권의 책으로 묶여 독자들 앞에 서게 되었다.

이 글들은 처음부터 책을 염두에 두고 쓰인 글들이 아니었기에, 곳곳에 필자의 생각과 감정이 그대로 담겨 있다. 그것이 독자들 앞에 고스란히 드러난다는 사실은 한편으로는 작은 부끄러움이기도 하다. 원고를 다시 읽으며 '조금 더 다듬을걸', '이 감정은 굳이 드러내지 말걸' 하는 생각이 스치기도 했다.

그러나 이 글들은 또한 오랜 기다림 속에서 기록된 것이기도 하다. 어쩌면 그 시간들이 이 모든 부족함마저 하나의 과정으로 받아들이게 해주었는지도 모르겠다. 돌이켜보면, 견뎌낸 시간은 미숙함을 지우기보다 오히려 그것마저 하나의 여정으로 남겨주었다. 흔들리며 걸어온 발걸음들, 더디게 내디딘 시간들, 그 모든 것이 이 책을 이루는 시간의 켜가 되었음을 이제야 조금은 알 것 같다.

이 책을 통해 내가 바라는 것은 단 하나다. 이 페이지들을 따라 걸은 독자들이 그리스라는 공간을 통해 아주 작은 배움과 조용한 도움을 얻기를 바라는 마음뿐이다. 이 책은 거창한 지혜나 화려한 문장을 담기 위한 것이 아니라, 한 사람의 평범한 걸음 속에서 발견한 소박한 기록들이 모여 만들어진 것이다.

부디 이 작은 기록들이 누군가의 삶 한편에서 잠시 발걸음을 멈추게 하고, 조용한 동행이 될 수 있다면, 그것으로 이 책의 역할은 충분할 것이다.